中国金融监管制度改革报告 2021

中国经济体制改革研究会金融新常态课题组 编

中国金融出版社

责任编辑：吕　楠
责任校对：孙　蕊
责任印制：程　颖

图书在版编目（CIP）数据

中国金融监管制度改革报告.2021／中国经济体制改革研究会金融新常态课题组编.—北京：中国金融出版社，2022.4
ISBN 978-7-5220-1593-4

Ⅰ.①中…　Ⅱ.①中…　Ⅲ.①金融监管—研究报告—中国—2021　Ⅳ.①F832.1

中国版本图书馆 CIP 数据核字（2022）第 056004 号

中国金融监管制度改革报告 2021
ZHONGGUO JINRONG JIANGUAN ZHIDU GAIGE BAOGAO 2021
出版
发行　中国金融出版社
社址　北京市丰台区益泽路 2 号
市场开发部　(010)66024766，63805472，63439533（传真）
网 上 书 店　www.cfph.cn
　　　　　　(010)66024766，63372837（传真）
读者服务部　(010)66070833，62568380
邮编　100071
经销　新华书店
印刷　北京七彩京通数码快印有限公司
尺寸　169 毫米×239 毫米
印张　11
字数　189 千
版次　2022 年 4 月第 1 版
印次　2022 年 4 月第 1 次印刷
定价　88.00 元
ISBN 978-7-5220-1593-4

编委会

序

2021年是中国共产党成立一百周年，也是推进和落实“十四五”规划的开局之年。近年来，中央已经密集发布了一系列深化市场化改革和扩大开放的战略部署、改革举措。中国改革又到了一个新的历史关头，面临前所未有的新形势、新挑战和新任务，其复杂程度、敏感程度、艰巨程度不亚于40年前，必须以更大的政治勇气和智慧，乘势而上，在更高起点、更高层次、更高目标上开启中国改革的新征程。

当前世界正经历百年未有之大变局，新冠肺炎疫情全球大流行使这个大变局加速演进。经济全球化遭遇逆流，世界经济深度衰退，国际贸易和投资大幅萎缩，国际经济、科技、文化、安全、政治格局都在发生深刻调整，外部的不稳定性、不确定性明显增加。今后一个时期，中国将面对一个动荡变革的世界，将面对更多逆风逆水的外部环境。世界上国家之间的竞争，说到底是制度的竞争。我们要化危为机，在危机中育先机，在变局中开新局，就必须解放思想，锐意改革，加快完善社会主义市场经济体制。

在此大背景下，“十四五”时期的经济社会发展，要以推动高质量发展为主题，加快构建国内大循环为主体、国内国际双循环互相促进的新发展格局。构建新发展格局是发展问题，但本质是改革问题。中央一直强调，要协调好问题导向和目标导向的关系。“十四五”期间要推进当前市场经济发展的一些生产关系、上层建筑的改革，特别是要推进要素市场化配置的改革，这样才能完善中国特色社会主义市场经济体制，才能在国家治理体系和治理能力现代化方面取得根本性、实质性进展。

作为始终以推进市场化改革为己任的国家级高端智库，中国经济体制改革研究会的主要任务是研究经济体制方面的一些重大理论与实践问题。资本要素的合理、高效流动是市场发挥决定性作用的最为重要的抓手，金融市场是社会主义市场经济的核心组成部分，金融市场是否能够健康发展，能否为实体经济有效增添动力和活力，是中国特色社会主义市场经济能否繁荣发展的关键因素之一。邓小平同志曾经指出：金融是现代经济的核心，金融搞好了，一着棋活，全盘皆活。金融作为正负外部性都非常强的行业，离不开科学高效的监管。监管恰好处于政府与市场关系的临界点上，因此，金融监管可以说是社会主义市场经济体系中最为核心的政府与市场关系。改革开放 40 年来，我国的金融市场从计划经济体系中脱胎换骨而来，相对于改革摸索阶段进程出现的“一放就乱、一乱就管、一管就死、一死又放”的经济管理困局，金融监管的改革虽然偶有波澜，但推进一直较为稳定，保障了我国金融市场的稳步发展。

随着我国社会主义市场经济的发展和数字技术的进步，以及对外开放程度的不断提高，金融市场面临前所未有的挑战，金融监管也必须与时俱进，通过不断改革来适应金融发展的新形势、新任务。若干年前，中国经济体制改革研究会就成立了金融新常态课题组，这是一支专门总结和研究金融市场与金融监管改革的年轻研究团队。2018 年，中国经济体制改革研究会金融新常态课题组在中国金融出版社出版了《中国金融监管制度改革报告 2018》，归纳整理了当时主要的监管文件并予以解读，获得了广泛的好评。经过数年沉淀，我国金融市场和金融监管已经发生了很多变化。在社会各界的广泛支持下，中国经济体制改革研究会金融新常态课题组成员从不同的角度再次对我国金融市场和金融监管制度的改革发展进行总结研究，形成了新的报告并予以出版。我认为这是非常好的改革研究成果，希望这项研究能够长期开展下去，为社会主义市场经济的进一步发展完善贡献力量。

彭　森

目　录

第一章　我国金融管理政策改革综述

一、当期主要经济金融形势及政策环境

2020年，新冠肺炎疫情对全球经济造成了严重冲击，世界经济出现了深度衰退。全球主要经济体采取了超常规的刺激政策和措施，但尚未有效促进经济恢复，复苏前景充满了不稳定性、不确定性，疫情冲击导致的各类衍生风险不容忽视，全球贸易和产业链受到较大的负面影响，经济全球化格局面临重构。

（一）国内经济环境

1. 疫情得到有效控制

由于中国有效控制疫情，经济活动继续趋于正常。尽管2020年初新冠肺炎疫情局部暴发，但通过有效实施包括大规模核酸检测、接触者追踪和局部限制等手段在内的精准防控策略，疫情很快得到控制。随着新增本土病例的减少，大多数地方对国内人员流动的限制几乎完全取消。中国在2021年初开始接种疫苗，但在有些地方出现小规模疫情之后，接种速度加快。截至2021年6月20日，约有47%的人口接种了至少一剂疫苗。

2. 经济发展独树一帜

中国是2020年全球唯一实现正增长的主要经济体，全年国内生产总值（GDP）约为101.6万亿元人民币，同比增长约2.3%。三大攻坚战取得决定性成就，科技创新取得重大进展，改革开放实现重要突破，民生得到有力保障。面对复杂严峻的国际形势、艰巨繁重的国内改革发展稳定任务，特别是新冠肺炎疫情的严重冲击，取得如此成绩实属不易。但我们必须清醒地认识到，疫情变化和外部环境存在诸多不确定性，我国经济恢复基础尚不牢固。

3. 供给与需求持续复苏

工业生产以高于趋势水平的速度增长，服务业增长改善但仍低于疫情前趋势线。2020 年全年规模以上工业增加值同比增长 2.8%，其中，第一季度下降 8.4%，第二季度增长 4.4%，第三季度增长 5.8%，第四季度增长 7.1%，第四季度增速已达到 2015 年以来的最高水平。装备制造业和高技术制造业保持较快增长。工业产能利用率不断回升，第四季度全国工业产能利用率为 78%，已恢复到近几年来的最高水平。服务业生产形势也不断改善，全国服务业生产指数月度增速从 5 月开始保持增长，全年服务业生产指数同比持平。

2020 年第四季度，工业产出比两年前同期增长 12.1%，2021 年第一季度则进一步提高至 12.5%，这主要得益于制造业的强劲表现。服务业增幅从 2020 年第四季度的 14.1%降至 2021 年第一季度的 9.6%，主要是由于春节前的临时跨区出行限制所致，但是除交通、酒店和餐饮以外的服务业增长继续改善。第一季度农业部门产出与两年前同期相比小幅增长 4.6%。

越来越多的迹象表明，经济增长正由投资驱动型逐渐向消费驱动型转变。与两年前同期相比，2021 年第一季度资本形成总额增幅从前一季度的 12%降至 6.9%。政策常态化，特别是地方政府专项债券发行启动缓慢，导致第一季度投资活动疲软，尤其明显的是，作为 2020 年主要投资增长引擎的基础设施支出在第一季度有所放缓。房地产投资在监管收紧的情况下仍然保持着强劲增长。与此同时，消费贡献了三分之二的 GDP 增长，远远高于 2020 年下半年的贡献率。劳动力市场状况改善、家庭收入恢复以及消费者信心改善都推动了私人消费，但仍低于疫情前水平。在全球需求反弹的情况下，净出口对第一季度的 GDP 增长有正贡献。

全年全国固定资产投资同比增长 2.9%，其中第一季度投资下降 16.1%，第二季度增长 3.8%，第三季度增长 8.8%，第四季度增长 15.7%，第三季度以来投资增速已明显高于过去四年来的平均水平。房地产投资从 3 月开始率先恢复增长并保持较快增速，全年房地产开发投资同比增长 7.0%。基础设施投资自 4 月以来恢复增长，包括电力投资的基建投资同比增长 3.3%，但增速略低于各方面预期，符合地方政府专项债投资的项目不多是主要原因。全年社会消费品零售额同比下降 3.9%。从居民家庭收支调查数据看，2020 年，全国居民人均可支配收入 32189 元，比上年同期名义增长 4.7%，全国居民人均消费支出 21210 元，比上年同期名义下降 1.6%，居民的边际消费倾向为 65.9%，比上年下降 4.3 个百分点。

表 1-1 2021 年中国主要宏观经济指标预测表

指标	2019 年		2020 年	
	亿元	%	亿元	%
GDP	986515	6.0	1015986	2.3
一产	70474	3.1	7744	3.0
二产	380671	4.9	384355	2.6
三产	535371	7.2	553977	2.1
规模以上工业增加值	—	5.7	—	2.8
城镇固定资产投资	551478	5.4	518907	2.9
房地产投资	132193	9.9	141443	7.0
社会消费品零售总额	411649	8.0	391981	-3.9
出口（美元）	24984	0.5	25906	3.6
进口（美元）	20769	-2.8	20556	-1.1
居民消费价格指数	—	2.9	—	2.5
工业生产者价格指数	—	2.0	—	-1.8

资料来源：国家信息中心。

4. 物价和就业基本稳定

物价涨幅有所回落。猪肉价格在连续上涨 19 个月后，自 2020 年 10 月起开始下降，并带动居民消费价格涨幅回落，服务消费需求恢复慢和就业压力较大导致服务价格涨幅下降，2020 年 5 月以来，居民消费价格同比涨幅回落到 3%以内，9 月开始回落到 2%以内，11 月开始出现负增长，2020 年，我国居民消费价格上涨 2.5%，不包括食品和能源的核心通胀率仅为 0.8%。受疫情影响，国际大宗商品价格从 2020 年 2 月开始下跌并在低位徘徊，国内需求相对不足，工业品价格走低，自 2020 年 10 月开始，受新冠肺炎疫苗研发取得积极进展的刺激，石油、铁矿石等大宗商品价格开始上涨，我国工业品价格环比也出现了回升，但 2020 年，我国工业品生产者价格仍下降 1.8%。房地产市场相对活跃，房地产价格不断上升，2020 年，按照商品房销售额和销售量计算的住宅销售价格上涨 7.4%。

就业压力有所缓解。为应对新冠肺炎疫情对就业的冲击，我国全面强化就业优先政策，大力援企稳岗，保持了就业形势的总体稳定。自 2020 年 4 月以来，调查失业率不断下降，2020 年 12 月，全国城镇调查失业率为 5.2%，全年平均失业率为 5.6%。全国城镇新增就业 1186 万人，大大超过全年 900 万人的就业目标。全年农民工总量 28560 万人，比上年减少 517 万人，下降 1.8%。其中，本地农民工 11601 万人，下降 0.4%；外出农民工 16959 万人，下降 2.7%，减少 466 万人。

5. 对外贸易巩固提升

2020 年中国商业服务出口额达 2810 亿美元，位居世界第四（不包括欧盟内部贸易），占全球出口额的 4.6%。中国还是世界第三大商业服务进口国，2020 年达到 4970 亿美元，占全球进口额的 8.7%。中国服务贸易日益增长、服务贸易行业日趋多样，反映出中国作为世界主要制成品供应商的地位以及这种制造业实力带来的商品—服务联系。

2021 年中国货物进出口保持了强劲增长势头。2021 年前 5 个月，以美元计价的中国货物进出口分别同比增长 40.0%和 35.2%。基于强劲的全球需求，出口在 2020 年第一季度急剧收缩之后稳步回升且复苏范围从医疗用品和电子产品向其他产品类别不断扩大。向各个目的地的出口在广泛地反弹。具体而言，2021 年前 5 个月对美国出口同比增长 50%。进口增长在上年第三季度才开始好转，但在内需回暖和补库存的推动下增长加快，带来中间产品进口的增加。消费品进口有所增加，反映了消费支出的逐步恢复。此外，全球大宗商品，尤其是原油和金属价格的飙升推高了大宗商品进口额。2021 年前 5 个月中国货物贸易仍然保持顺差，相当于 GDP 的 2.9%，而上年同期为 2.0%。

由于服务进口与出口表现不平衡，服务贸易逆差继续收窄。2020 年大部分时间中国的服务出口表现优于全球服务出口，而服务进口一直落后于全球服务进口（图 1-1A）。中国的服务进口增长在疫情之前已经处于负增长，但在出境旅游急剧下降的条件下，2020 年上半年进一步放缓（图 1-1A）。服务出口则与此相反——交通运输和信息通信技术（ICT）服务出口强劲，抵消了入境旅行的下降，服务出口整体增长保持强韧（图 1-1A）。在这种形势下，2021 年前 4 个月服务贸易逆差占 GDP 比重已从 2020 年同期的 0.9%稳步缩小至 0.4%左右。除了上述短期趋势以外，一些长期趋势也凸显出服务贸易对中国经济的重要性日益上升。

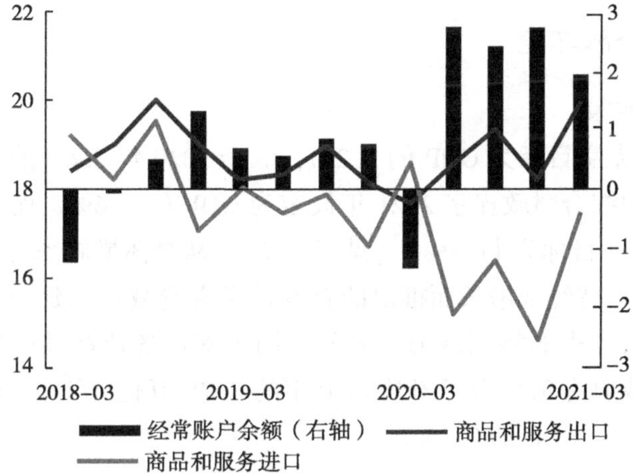

A. 经常账户顺差（占GDP百分比）

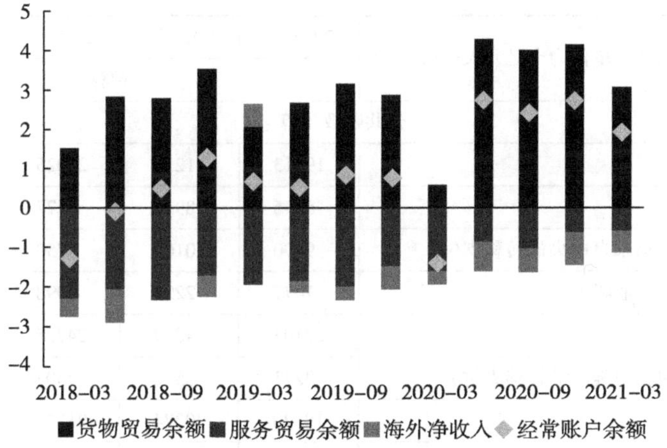

B. 经常账户项目构成（占GDP百分比）

图 1-1　服务进口与出口示意图

经常账户顺差在 2020 年底大幅上升，2021 年初增幅回落，主要原因是货物进口急剧增加。2020 年，经常账户顺差占 GDP 比重从 2019 年的 1.1%扩大到 1.9%，为近十年来新高。这是由于货物出口保持强劲，货物贸易顺差激增，同时出境旅游和旅行骤减导致服务贸易赤字收窄。2021 年前三个月，由于大宗商品价格飙升，贸易条件下滑，货物贸易顺差收窄。与此同时，由于跨境旅行限制依然存在，第一季度服务贸易逆差进一步收窄。总体来看，第一季度经常账户顺差占 GDP 比重从前一季度的 2.7%下降至 2.0%。

（二）财政金融环境

1. 积极财政政策

我国 2021 年赤字目标为 GDP 的 3.2%，低于 2020 年 3.6%的目标。包括几个预算外账户的综合财政赤字 2021 年设定为 GDP 的 7.6%，而上年的实际执行结果为 9.0%（目标为 11.1%）（见表 1-2）。从具体措施来看，政府已逐步取消 2020 年为支持经济增长而推出的企业社保缴费减免和延期政策，停止发行旨在缓解疫情冲击的特别国债。另外，用于支持各地基础设施建设和棚户区改造的地方政府专项债发行额度从上年的 3.75 万亿元下调至 3.65 万亿元，下降幅度相当于 GDP 的 0.1%。

表 1-2　部分财政指标

（除另有说明外，单位为十亿元人民币）	2018 年	2019 年	2020 年	2021 年
	预算			
公共财政预算				
收入	19813	21259	21025	20903
中央政府	8546	8931	8277	8277
地方政府（不包括来自中央的转移支付）	9790	10108	9750	10012
从预算稳定调节基金调入	1477	2220	2998	2613
支出	22193	24019	24785	24663
中央政府（不包括对地方的转移支付）	3271	3512	3504	3510
地方政府	18820	20374	21232	21049
补充预算稳定调节基金	102	133	50	104
财政平衡	-2180	-2760	-3760	-3760
财政平衡（占 GDP 百分比）	-2.6	-2.8	-3.6	-3.7
政府性基金预算结余	-516	-714	-4468	-2451
社保基金预算结余	1162	841	-500	-672
国有资本经营预算结余	75	168	102	223
综合财政平衡*	-3033	-4552	-11573	-9169
综合财政平衡（占 GDP 百分比）	-3.3	-4.6	-11.1	-9.0
注：名义 GDP**	91982	98652	104444	101599

注：*综合财政平衡=一般公共预算结余+政府性基金预算结余+社保基金和国有资本经营预算结余。

资料来源：财政部，国家统计局，世界银行。

2021 年前 5 个月，财政赤字因收入强劲增长而收窄。由于上年基数较低、2021 年经济持续复苏以及上年为应对疫情冲击推出的免税政策已大多撤回等因素，前 5 个月财政收入同比增长 24.5%。同期财政支出同比小幅增长 0.8%，主要原因是 2020 年前几个月为抗击疫情而扩大支出，基数较高。由于收入增幅高于支出，2021 年前 5 个月的预算盈余为 GDP 的 0.3%，而上年同期赤字为 2.0%。随着政府债券发行放缓，净融资额从上年同期占 GDP 的 3.3%下降至 1.0%。

2. 宏观债务有所上升

2020 年我国宏观杠杆率增至 270.1%，相对上年增长了 23.6 个百分点。四个季度的增幅分别为 13.9 个、7.2 个、3.6 个和-1.1 个百分点，从杠杆增速上看，第四季度已出现“去杠杆”趋势。分部门来看，2020 年杠杆率的增幅中，企业部门贡献了主要力量，主要发生在第一季度；居民部门上升了 6.1 个百分点，主要是受房地产市场影响；政府部门上升了 7.1 个百分点，增幅达历史最高水平。

2020 年，中国的债务占 GDP 比重急剧上升，由于名义 GDP 增大而有所回落。过去几年中国努力推动去杠杆，但 2020 年杠杆率大幅上升，债务占 GDP 比重从 2019 年的 258%提高到 285%，虽然 2021 年第一季度小幅下降至 280%，反映了更高的名义 GDP 增长，但仍比疫情暴发前高出约 20 个百分点。按照目前的市场利率，中国庞大的债务存量意味着沉重的总利息负担——超过 GDP 的 10%。据估算，非金融部门新增信贷有三分之一以上是用于偿还现有债务。

3. 更加灵活适度的稳健货币政策

2020 年，中国人民银行实施了更加灵活适度的稳健货币政策，三次降低存款准备金率，提供 1.75 万亿元长期流动性，保持了人民币汇率在合理均衡水平上基本稳定，通过金融政策和工具全力支持稳企业、保就业，进一步健全了宏观审慎政策框架，防范化解重大金融风险攻坚战取得重要阶段性成果，国际金融合作有所加强，金融业高水平对外开放有序扩大，金融改革进一步深化并取得新进展。

2020 年末，广义货币（M_2）增速比上年同期有所上升。M_2 余额同比上涨 10.1%，增速较上年提高了 1.4 个百分点，年末共计 218.68 万亿元；狭义货币（M_1）余额同比上涨 8.6%，增速较上年提高了 4.2 个百分点，年末共计 62.56 万亿元；流通中货币（M_0）余额同比上涨 9.2%，年末共计 8.43 万亿元。综上所述，2020 年净投放现金额为 7125 亿元。

2020 年末，全年社会融资规模比上年显著多增。社会融资规模增量累计为 34.86 万亿元，比上年多了 9.19 万亿元；2020 年全年，人民币贷款、政府债券、企业债券、股票、未贴现的银行承兑汇票比上年增加较多，推动全年社会融资规模显著多增。

2020 年末，金融机构对实体经济发放的贷款同比明显多增。全年金融机构对实体经济发放的人民币贷款增加 20.03 万亿元，比上年多增 3.15 万亿元；占同期社会融资规模增量的 57.5%，比上年低 8.3 个百分点。对实体经济发放的外币贷款折合人民币增加 1450 亿元，比上年多增 2725 亿元。全国民营企业贷款余额 50 万亿元，同比增长 14%；普惠型小微企业贷款余额 15.3 万亿元，增速高于各项贷款增速 18.1 个百分点。商业银行（法人口径）全年实现净利润 1.94 万亿元，不良贷款余额 2.7 万亿元，不良贷款率 1.84%，资产质量保持稳定。

2020 年末，信托贷款比上年大幅多减，委托贷款降幅收窄，未贴现的银行承兑汇票有所增长。全年委托贷款减少 3954 亿元，比上年少减 54421 亿元；占同期社会融资规模增量的-1.1%，比上年高 2.6 个百分点。信托贷款减少 1.1 万亿元，比上年多减 7553 亿元：占同期社会融资规模增量的-3.2%，比上年低 1.8 个百分点。未贴现的银行承兑汇票增加 1746 亿元，比上年多增 6503 亿元：占同期社会融资规模增量的 0.5%，比上年高 2.4 个百分点。

2020 年末，政府债券、企业债券和非金融企业境内股票融资明显高于上年。全年政府债券净融资为 8.34 万亿元，比上年多 3.62 万亿元；占同期社会融资规模增量的 23.9%，比上年高 5.5 个百分点。全年企业债券净融资为 4.45 万亿元，比上年多 1.11 万亿元；占同期社会融资规模增量的 12.8%，比上年低 0.2 个百分点。非金融企业境内股票融资为 8923 亿元，比上年多 5444 亿元；占同期社会融资规模增量的 2.6%，比上年高 1.2 个百分点。

2020 年末，银行间市场利率有所下降。全年银行间人民币市场以拆借、现券和回购方式共成交 1339.66 万亿元，日均成交 5.38 万亿元，日均成交同比增长 13.5%。其中，同业拆借日均成交同比下降 2.6%，现券日均成交同比增长 9.3%，质押式回购日均成交同比增长 18.1%。12 月同业拆借加权平均利率为 1.3%，比上年同期低 0.79 个百分点；质押式回购加权平均利率为 1.36%，比上年同期低 0.74 个百分点。

2020 年末，人民币汇率升值。人民币对美元汇率中间价为 6.5249 元人民币/美元，比上年末升值 6.92%；人民币对美元交易即期价为 6.5398 元人民币/美元，比上年末升值 6.52%。全年银行间即期外汇市场 243 个交易日中，人民币对美元汇率中间价有140个交易日升值，103个交易日贬值；日均波幅约为125个基点，比上年扩大45个基点。12月末，中国香港无本金交割远期外汇（NDF）美元对人民币一年期合约（买入价）升水点数为1343个基点，比上年末扩大835个基点。

（三）主要外部金融形势

1. 拜登政府延续了特朗普政府时期的扩张性金融政策，继续对外转移经济治理成本

2020年以来，美国采取了一系列超常规的金融政策对冲疫情影响。自2021年拜登政府上台以来，延续了此前扩张性金融政策的施政方向，在程度上更加激进，一些临时性、应急性的政策被制度化、常规化、长期化。目前，拜登政府通过了1.9万亿美元的刺激法案，财政赤字不断加码，美联储官员仍在释放继续维持宽松局面的信号，参议院提出的《2021年战略竞争法案》，主张大幅扩大投资规模来对抗中国竞争。整体上，美国越来越依靠增加美元流动性、扩大金融资产负债表来维持经济表面的活力和社会的基本运行。由于美元在全球货币体系的优势地位，扩张性的美国金融政策实际上是通过稀释美元价值向全球转移经济治理成本的手段。

2. 扩张性货币政策与财政政策合流，美元流动性显著溢出

一方面，美国长期维持“零”利率，并大幅扩大美联储资产负债表。2008年国际金融危机后，美国货币政策始终处于扩张阶段，利率维持在0附近已有7年，其间尝试过货币政策正常化，但加息最高不超过2.4%。疫情期间，美联储大幅降低对其资产负债表扩张的约束，从年初4万亿美元扩张至近7.5万亿美元。另一方面，货币政策积极支持财政赤字，美国财政账户积累大量现金。2020年末美国财政赤字约3.3万亿美元，占国内生产总值的16%，为第二次世界大战后最高水平。同期，美国财政部的现金存款从增加1万亿美元至约1.7万亿美元，作为预防性借款调节本土美元支付节奏。

3. 竞次监管提升金融体系的扩张冲动，同时扩大对金融体系的公共支持

一方面，美国积极放松监管规则，释放金融体系扩张能力。一扫2008年国际金融危机后对严监管的共识，美国再次允许商业银行开展高风险的投资银行业务、开展衍生品交易、进入资本市场，放松对影子银行体系的监管限制。同时，美联储还取消了商业银行存款准备金率要求，即美国商业银行的法定存款准备金率要求为零，创造了部分准备金银行制度的历史。另一方

面，货币财政部门直接进入市场兜底信用风险，为金融扩张后的风险积累提供公共支持。美联储通过向财政部出资设立的特殊目的载体（SPV）发放贷款，在向一级市场提供流动性基础上，通过二级市场公司信贷工具（SMCCF）等创新工具在二级市场购买投资级美国企业发行的公司债以及符合条件的美国上市 ETF，直接“下场”参与市场。美国财政部直接参与信贷领域的风险担保，进一步降低美国境内银行信贷投放的风险承担。拜登政府还将通过免除学生贷款、增加补贴额度等措施来支持居民企业负债的偿付能力，以财政兜底金融体系的资产质量。

4. 美国本土金融体系相对克制，巩固对盟友的美元流动性支持

尽管美国财政货币部门释放了大量流动性，美国银行体系并未大幅扩张，反而不断积累风险缓释资金。2020 年上半年摩根大通、富国银行、花旗银行和美国银行美国四大银行增提的贷款损失准备达 569.64 亿美元，同比增长 4.7 倍。美国银行体系的资本充足率已接近 20%，超过监管要求 1.2 万亿美元。同时，美国还巩固对盟友的流动性支持，美元互换体系更加紧密，扩大美联储的全球影响。美联储在与加拿大、英国、日本、欧洲和瑞士五大中央银行建立美元互换机制的基础上，新纳入韩国、巴西、新加坡等 9 家中央银行，并通过差异化的互换额度、互换频率、互换产品，使全球美元体系形成了以美联储为核心的层次分明的等级结构。

5. 深化全球超低利率金融环境，引导资金脱实向虚

目前，以美国为主的西方经济体，主要政策利率均在零附近。美国政策利率为 0~0.25%，英国主要政策利率为 0.1%。欧洲央行主要再融资利率、边际贷款利率和存款便利利率分别为 0.00%、0.25%和-0.50%。同时，美联储持续实施无限量量化宽松，将大量美国国债和机构住房抵押贷款支持证券（MBS）等各类债券纳入其资产负债表，由于其巨大的购买量，导致市场出现了结构性的资产荒。不仅美国国债对市场的净发行额为负，还倒逼资金加速流入负利率债券，目前全球相关债券超过 18 万亿美元。此外，美国监管部门放任市场制造数字货币泡沫。与我国对待数字货币的审慎态度不同，美国没有选择由中央货币管理部门从支付的角度来推动数字货币发展，而是通过将数字货币定义为“商品”，通过交易所为数字货币带杠杆炒作提供平台和合法外衣。通过承认与美元按照固定比例挂钩的“稳定币”，借道实现美元在数字货币领域的扩张。

二、金融体系及管理机制发展综述

（一）金融机构发展情况

虽然在2020年遭受了新冠肺炎疫情等各种因素的冲击，但我国金融机构的发展趋势仍是稳中有增，从资产负债情况来看，截至2020年末，一是我国金融业机构总资产为353.19万亿元，同比增长10.7%，其中，银行业机构总资产为319.74万亿元，同比增长10.1%；证券业机构总资产为10.15万亿元，同比增长25%；保险业机构总资产为23.3万亿元，同比增长13.3%。二是金融业机构负债为321.17万亿元，同比增长10.8%，其中，银行业机构负债为293.11万亿元，同比增长10.2%；证券业机构负债为7.51万亿元，同比增长29.3%；保险业机构负债为20.55万亿元，同比增长13.6%。三是金融业机构所有者权益为32.01万亿元，同比增长9.2%，其中，银行业机构所有者权益为26.63万亿元，同比增长8.6%；证券业机构所有者权益为2.63万亿元，同比增长14.2%；保险业机构所有者权益为2.75万亿元，同比增长11.0%。从机构数量来看，截至2020年末，一是银行业金融机构网点总数达到22.67万个。据不完全统计，银行业金融机构年内改造营业网点1.28万个(含装修、迁址等)；设立社区网点5580个，小微网点2206个。银行业金融机构积极探索客户需求，进一步提升智能化设备服务能力及效率，实现复杂业务向自助机具的迁移。据不完全统计，截至2020年末，在全国布局建设自助银行15.62万家；布放自助设备97.37万台，其中当年投放创新自主设备1.52万台；自助设备交易笔数达212.54亿笔，交易总额43.42万亿元。二是证券业金融机构共有130余家（含部分合并统计），证券行业2020年度实现营业收入4484.79亿元，同比增长24.41%；实现净利润1575.34亿元，同比增长27.98%，127家证券公司实现盈利。截至2020年12月31日，证券行业总资产为8.90万亿元，净资产为2.31万亿元，分别同比增加22.50%、14.10%。客户交易结算资金余额（含信用交易资金）1.66万亿元，受托管理资金本金总额10.51万亿元。三是保险业金融机构共有177家，总体来看，在新冠肺炎疫情下，2020年保险业保持稳健增长，实现原保费收入4.53万亿元，同比增长6.12%；赔付支出1.39万亿元，同比增长7.86%；保单件数495.38亿件，同比增长6.25%；净资产同比增长10.95%。具体来看，财产险原保费收入1.19万亿元，同比增长2.40%；人身险原保费收入3.33万亿元，同比增长 7.53%。其中，值得注意的是，车险业务仅实现同比增长 0.70%，保证保险业务大幅收缩，同比下降 18.36%。

（二）金融市场发展情况

2021 年 1 月，中国人民银行发布了 2020 年金融市场运行情况。总体来看，2020 年各类金融市场在规模保持稳步增长的同时，各主要交易产品的成交量也显著增加。同时，投资者在结构进一步优化的基础上，收益率曲线平坦上行。具体而言，一是债券市场发行规模显著增长。从发债规模来看，债券市场各类债券共发行 57.3 万亿元，同比增长 26.5%。其中银行间债券市场共发债 48.5 万亿元，同比增长 27.5%。从托管规模来看，债券市场托管 117 万亿元，其中银行间债券市场托管 100.7 万亿元。2020 年，国债发行 7 万亿元，地方政府债券发行 6.4 万亿元，金融债券发行 9.3 万亿元，政府支持机构债券发行 3580 亿元，资产支持证券发行 2.3 万亿元，同业存单发行 19 万亿元，公司信用类债券发行 12.2 万亿元。二是银行间市场成交量增加。从交易量来看，现券交易 253 万亿元，同比增长 16.5%。其中，银行间债券市场现券交易 232.8 万亿元，日均成交 9350.4 亿元，同比增长 12%。交易所债券市场现券成交 20.2 万亿元，日均成交 830.4 亿元，同比增长 142.6%。从拆借、回购交易量来看，银行间市场信用拆借、回购交易共成交 1106.9 万亿元，同比增长 14%。其中同业拆借累计成交 147.1 万亿元，同比下降 3%；质押式回购累计成交 952.7 万亿元，同比增长 17.6%；买断式回购累计成交 7 万亿元，同比下降 6.3%。三是债券收益率上行，货币市场利率下行。2020 年，债券收益率整体上移。12 月末，1 年、3 年、5 年、7 年、10 年期国债收益率分别较上年同期上行 11 个基点、9 个基点、6 个基点、13 个基点、1 个基点。四是投资者数量进一步增加，机构进一步优化。截至 2020 年末，银行间债券市场各类参与主体共计 27958 家，较上年末增加 3911 家。其中境内法人类产品共 3123 家，较上年末增加 41 家；境内非法人类产品共计 23930 家，较上年末增加 3734 家；境外机构投资者 905 家，较上年末增加 136 家。2020 年末，银行间市场存款类金融机构持有债券余额 57.7 万亿元，持债占比 57.4%，与上年末基本持平；非法人机构投资者持债规模 28.8 万亿元，持债占比 28.6%，较上年末下降 1 个百分点。公司信用类债券持有者中存款类机构持有量较上年末有所增加，存款类金融机构、非银行金融机构、非法人机构投资者和其他投资者的持有债券占比分别为 27.9%、6.4%、63%。五是利率衍生品市场成交额上升。2020 年，银行间人民币利率衍生品市场累计成交

19.9 万亿元，同比上升 6.8%。其中，利率互换名义本金总额 19.4 万亿元，同比上升 6.8%；标准债券远期成交 4532.3 亿元，信用风险缓释凭证创设名义本金 149.3 亿元，信用违约互换名义本金 12 亿元。互换利率有所下降，2020 年末，1 年期 FR007 互换利率收盘价（均值）为 2.47%，5 年期 FR007 互换利率收盘价（均值）为 2.83%。六是股票市场主要指数上行。一方面，成交额显著上升，两市共成交额 206.83 万亿元，较上一年增长 62.3%。另一方面，股指指数也有所上涨，上证综指同比上涨 13.9%，年末收于 3473.07 点；深证成指同比上涨 38.7%，年末收于 14470.68 点。

（三）金融监管机制情况

1. 主要金融监管法律修订

《中华人民共和国中国人民银行法》（以下简称《中国人民银行法》）正在修订过程中。现代中央银行制度建设需要根据党中央全面建设社会主义现代化国家的战略部署实施，根据《中国人民银行法》中央银行法定目标的重要规定进行，根据高水平市场经济体制建设的内在要求开展。建设现代中央银行制度的目标是建立有助于实现币值稳定、充分就业、金融稳定、国际收支平衡四大任务的中央银行体制机制，管好货币总闸门，提供高质量金融基础设施服务，防控系统性金融风险，管控外部溢出效应，促进形成公平合理的国际金融治理格局。为了更好地建设现代中央银行制度，《中国人民银行法》的修改完善更加明确人民银行的法定目标和职责是基础性的工作。2020 年 10 月 23 日，中国人民银行发布消息提出，人民银行正积极推进《中国人民银行法》的修订工作，已起草了修订草案征求意见稿。相关人员表示，该法的修订主要有三个目标：一是落实党中央对金融改革的战略部署，尤其是匹配国家治理体系和治理能力现代化建设的要求，建设现代化中央银行；二是推进金融供给侧结构性改革，更加有效防范化解系统性金融风险；三是与国际金融监管改革相融合。

2. 央地协同的监管机制建设

金融监管的央地协同机制正在加速形成。为了更好地防范金融风险，夯实金融监管，2020 年发布的《关于建立地方协调机制的意见》要求，在各省（自治区、直辖市）建立地方金融监管协调机制。自 2020 年 2 月 24 日内蒙古自治区率先建立协调机制以来，目前全国各省（自治区、直辖市）已基本建立协调机制。从协调机制组成来看，各地协调机制均设在人民银行省级分支机构，由其主要负责人担任召集人，同时，银保监会、证监会、外汇局省级派出机构、省级地方金融监管部门主要负责人以及省级发展改革部门、财政部门有关负责人担任成员。从具体职责看，金融委办公室地方协调机制接受金融委办公室的领导，在现有中央和地方权责体制内，通过指导、协调，推动落实党中央、国务院及金融委有关部署，在促进区域金融稳定的基础上，强化金融监管，在维护金融消费者权益的同时加强业态生态环境建设。

三、当前金融监管改革的主要任务

虽然我国金融市场经过一定时期的整顿、改革、发展，取得了一系列的成绩，但距离理想的目标还有一段距离，我国金融监管改革的任务仍然艰巨，主要体现在以下几点：

一是优化金融监管框架和组织体系。我国目前金融市场的监管框架是置于分类监管的原则下形成的，虽然在分类监管之下，各类金融业务蓬勃快速发展，但也出现了政策的不统一性、职责的交叉性等相关问题。要在国务院金融稳定发展委员会的领导之下，对人民银行、银保监会、证监会的职能进行整合与拆分，划清行为监管和审慎监管边界，明晰各个部门的职能分工，提高政策的统一性及延续性。同时，也要健全完善现有央地协同监管机制，实现央企的联动统一。

二是完善金融法律的制度体系。我国现有的金融市场法律实际上远远落后于金融市场的发展，金融市场的快速发展与金融市场法律的滞后性给我国金融业务的发展制造了巨大隐患。在未来一段时间，要结合现有的市场实际，加快对《商业银行法》《证券法》《保险法》等金融市场基本法律的修改进度，同时，应尽快出台市场急需的法律法规，补足金融立法空白，例如“期货法”等。除此之外，还要从我国现有法律体系出发，协调处理好其他法律中同金融市场相关的内容，要在遵循基本原则的前提下，突出金融市场法律的独特性。

三是创新金融监管的理念和方法。美国次贷危机后，世界各国都在加快推动金融监管体系变革，其中一个重要的方向就是调整金融监管的理念，由原来的主要关注金融市场风险转向更关注风险处置和金融消费者权益保护。同时，随着具有“破坏式创新”特征的金融科技的快速发展，与之相匹配的传统金融监管方式和方法明显落后于现实要求。依托大数据、云计算、区块链和 AI 智能等新技术为基础的创新性监管方法被各方所关注，“监管沙盒”

“监管科技”和“智能监管”等成为今后发展的重要方向和可选方案。

四是不足金融监管的真空地带。民间金融等相关领域长期以来缺乏有效监管，这与民间金融自身较为隐秘、形式多变有关，也反映出目前监管存在的问题，需要建立一种新型的监管体制对民间金融进行监管。首先，应推进民间金融立法，尽快出台“非存款类放贷组织条例”及其他新兴业态的监管细则。其次，应做实监管主体，建立监管协同工作机制，充分发挥多部门监管合力。再次，应严厉打击各类违法犯罪活动，形成监管的高压态势和舆论导向。最后，应健全覆盖全社会和各业态的信用征信体系，增大信用违约成本，培育社会诚信意识，为金融服务营造良好的信用环境。

第二章　协同推进的金融管理制度建设

一、主要改革政策举措

货币政策与财政政策是宏观经济政策的主要组成部分，本质上均体现为扩表（货币政策积极的结果是中央银行扩表、财政政策积极的结果是中央银行与政府部门共同扩表）。货币政策职能是为了解决流动性问题，侧重于短期，财政政策则主要是为了应对经济基本面问题，偏重于中长期。因此，在流动性危机略有缓解的情况下，不应对货币政策的宽松方向和力度有更多期待，而应将更多的关注点集中于财政领域，但财政政策的积极却需要宽松的货币政策予以配合。

（一）现代货币体系改革持续深入

1. 货币创造渠道的变迁

自2001年我国加入世界贸易组织（WTO）以来，中国基础货币供应的主要渠道经历了显著变迁。自2001年起，我国国际收支的经常账户和资本账户呈现出持续的双顺差格局，这也导致外汇占款成为我国基础货币最重要的投放渠道。外汇占款渠道被动投放的基础货币大量增加，中央银行通过提高法定准备金率和发行中央银行票据等多种方式回收流动性，以防止银行体系流动性过剩。

但是，自2012年以来，上述情况得到改善，中国国际收支渐趋平衡，经常项目顺差与GDP之比在2%左右，处于国际公认的合理区间，中央银行通过外汇占款渠道投放的基础货币减少甚至为负。2014年，中央银行外汇占款增加6400亿元，同比少增2.1万亿元。2015年和2016年，中央银行外汇占款分别减少约3000亿元和约2.9万亿元。这就使外汇占款数量随之大幅萎缩。为了保持货币供应的相对稳定，中央银行开始主动创造各类新型货币政策工具以取代原来的外汇占款，如SLO、SLF等。新型政策工具的推出维持了基础货币总量的稳定增长。

2. 货币政策调控框架转型

2008 年国际金融危机之前，世界主要发达国家货币政策调控方式总体经历了价格—数量—价格转变的过程。在价格调控中，中央银行主要利用公开市场操作、常备借贷便利等方式，通过调节基础货币的数量来调控短期利率。短期利率的确定大多以泰勒规则为指导，进而通过对短期利率的调整实现对中长期利率的平滑调整。但是，这一传统机制在 2008 年国际金融危机爆发后日益受到挑战。由于存在时变期限溢价和自然利率持续下降等原因，短期利率难以向中长期利率有效传导。为此，发达经济体中央银行开始尝试直接调控中长期利率。

目前，中国金融市场仍在进行发展改革，已有现状距离完全信息和高度有效的标准还有较大差距，而且原有调整机制也出现了失灵。目前，中国人民银行形成了以中期借贷便利（MLF）利率作为中期政策利率，以公开市场操作利率作为短期政策利率的央行政策利率体系。人民银行利用 MLF 调控中期政策利率，报价行在 MLF 利率上加点形成贷款市场报价利率（LPR），银行在发放贷款时以 LPR 为基础形成最终贷款利率。因此，我国的利率传导机制可以概括为“MLF 利率→LPR→贷款利率”。同时，人民银行建立以常备借贷便利（SLF）利率为上限、银行超额准备金存款利率为下限的利率走廊，并灵活开展公开市场操作，保持货币市场利率平稳运行，流动性合理充裕。

3. 创设直达实体经济货币政策

2020 年 6 月，中国人民银行创设两个直达实体经济的创新货币政策工具，用于支持民营小微企业信用贷款和银行对受疫情影响企业的贷款延期。截至 2020 年 9 月末，这两个工具支持普惠小微企业贷款延期本金共计 4695 亿元，支持小微企业信用贷款投放 2646 亿元。

两项直达实体经济的货币政策工具，是中国人民银行在 2020 年上半年为应对新冠肺炎疫情冲击推出的一系列特别的政策工具之一。最先，中国人民银行是在春节后开市两个交易日内，向市场提供了 1.7 万亿元短期流动性；此后三次降准，共释放 1.75 万亿元长期资金；随后，中国人民银行又分三批次安排了共计 1.8 万亿元再贷款再贴现专用额度，支持企业生产抗疫物资和复工复产。目前，这 1.8 万亿元再贷款再贴现额度中的 3000 亿元专项再贷款和 5000 亿元再贷款再贴现政策已经收官；截至 2020 年 9 月末，1 万亿元再贷款再贴现额度已经使用超过 8000 亿元。

为提高金融支持实体经济应对疫情冲击，中国人民银行出台了一系列有针对性的货币政策工具。例如，2020 年 2 月疫情初期出台 3000 亿元专项再贷款，是为保障医疗用品生产和重要生活物资的供应；春节后开市前两天的 1.7 万亿元流动性投放，这与以往相比是超常投放，是为了保证春节开市后市场的正常运转。又如，5000 亿元支持企业复工复产的再贷款再贴现政策，是为了让受疫情影响比较严重的中小微企业能够得到信贷支持，支持它们复工复产。2020 年 6 月 1 日，中国人民银行出台两项创新直达实体经济的货币政策工具，支持信用贷款发放，以及为受疫情冲击严重的企业贷款延期，是为了给受到疫情冲击比较严重的企业获得现金流支持和必要信贷支持提供帮助。

为提高政策的有效性，财政政策和货币政策都强调“直达”。中国人民银行行长易纲将提高企业融资“直达性”的工具界定为“通过货币信贷政策的结构化、精准化，缩短货币政策的传导链条”，3000 亿元专项再贷款、增加再贷款再贴现专用额度 1.5 万亿元、中小微企业贷款临时性延期还本付息政策、改进政府性担保机制等，都包括在内。

2020 年 12 月 21 日，国务院总理李克强主持召开国务院常务会议，决定 2021 年第一季度要继续落实好原定的普惠小微企业贷款延期还本付息政策，在此基础上适当延长政策期限，做到按市场化原则应延尽延，由银行和企业自主协商确定；此外，会议还决定将普惠小微企业信用贷款支持计划实施期限由 2020 年底适当延长。两项直达货币政策工具延期意在帮助小微企业更好地应对国内外环境变化，实现生产经营稳定恢复。

根据安排，贷款延期支持工具所支持的本息延期，是针对 2020 年 6 月 1 日至 12 月 31 日期间到期的普惠小微贷款；小微企业信用贷款支持计划，也是针对符合条件的地方法人银行在 2020 年 3 月 1 日至 12 月 31 日期间新发放的普惠小微信用贷款。此次国务院常务会议决定，2021 年第一季度对办理贷款延期还本付息且期限不少于 6 个月的地方法人银行，继续按贷款本金 1%给予激励；对符合条件的地方法人银行发放普惠小微企业信用贷款，也继续按贷款本金的 40%给予优惠资金支持。

尽管国内经济从 2020 年第二季度开始回升，但经济复苏基础还不稳固，对于小微企业等薄弱领域还需要进一步加大金融支持力度。两项货币政策工具适当延期，体现了宏观调控政策的连续性、稳定性和可持续性。

（二）财政与金融政策协同发展

1. 发挥财政资金杠杆作用

（1）对疫情防控重点保障企业贷款，按央行再贷款利率的 50%给予贴息

为发挥财政资金引导撬动作用，支持金融更好地服务新型冠状病毒感染

的肺炎疫情防控，2020 年 2 月，财政部印发《关于支持金融强化服务 做好新型冠状病毒感染肺炎疫情防控工作的通知》（财金〔2020〕3 号），明确对疫情防控重点保障企业贷款给予财政贴息支持。文件规定，中央财政将对与防疫相关的重点保障企业给予贴息支持，并引导金融机构强化信贷资金支持力度，满足上述企业的合理融资需求。

（2）充分发挥政府性融资担保作用，为小微企业和“三农”主体融资增信

2020 年，财政部印发《关于充分发挥政府性融资担保作用 为小微企业和“三农”主体融资增信的通知》（财金〔2020〕19 号），推动国家融资担保基金加快开展股权投资。具体措施包括：

一是明确要求政府控制的融资担保、再担保机构要加大对小微企业和“三农”的融资增信服务。

二是各级政府性融资担保、再担保机构要严格落实相关文件要求，严守主营业务底线，理性拓宽经营范围。

三是对国家融资担保基金提出了具体的发展要求，要在 2020 年投资支持地方政府性质的融资担保机构，并逐步扩大再担保业务范围等。

四是地方各级政府性融资担保、再担保机构在 2020 年要加大对小微企业及“三农”主体的扶持力度，通过减半收取、拓宽客户群体范围等措施提高支持力度。

五是 2020 年中央财政继续实施小微企业融资担保降费奖补政策。

六是调整对政府性融资担保、再担保机构的考核要求。要侧重考察各机构对小微企业和“三农”主体的扶持成效，同时根据考核结果予以支持。

七是要加大对政府性融资担保机构、再担保机构的监管力度，对于与《通知》规定相违背的机构要及时通报并取消相应的财税支持政策。

（3）印发《政府性融资担保、再担保机构绩效评价指引》

虽然近年来我国政府性融资担保体系建设取得了一定成效，但是仍存在重点行业扶持力度不够、费率过高等问题。为了解决上述问题，财政部于 2020 年 5 月正式印发《政府性融资担保、再担保机构绩效评价指引》（财金〔2020〕31 号），该指引的出台对强化金融支持稳企业、健全政府性融资担保制度体系、推动政府性融资担保行业健康发展具有重要意义。同其他指引相比，该指引有以下特点：一是提高政策效益指标分值（在百分制中独占 40 分），突出国家政策导向。二是鼓励政府性融资担保、再担保机构在结合自身实际条件下扩大业务。三是转变考核观念，弱化盈利考核。四是强化正向激

励。将考核结果与政策支持力度、机构工资总额等挂钩，提高机构的动力。

（4）进一步加大创业担保贷款贴息政策支持力度

2020 年 4 月 15 日，财政部等部门联合印发《关于进一步加大创业担保贷款贴息力度　全力支持重点群体创业就业的通知》（财金〔2020〕21 号），全力支持创业就业和复工复产。具体内容有：

一是进一步扩大支持群体。将受疫情影响较大的个体工商户、网约车公司及人员等主体纳入此文件的支持范围。

二是降低小微企业适用补贴政策的门槛。将原有小微企业新招工人数占比从 20%降到 15%或 8%，为更多小微企业提供政策支持。

三是提高贷款额度，并对符合要求的个人及项目取消反担保要求。将个人最高贷款额度从 15 万元上涨到 20 万元，同时对合伙创业人群可继续适当提高。

四是进一步延长贷款期限。

五是缩短审批时间。通过采取电子化审批、“一站式”服务、“多审合一”等措施简化申请流程，提高审批效率。

（5）继续加大支持普惠金融

普惠金融的重点服务对象是传统金融服务难以覆盖的小微企业、“三农”、偏远落后地区客户以及低收入群体。为这类群体提供金融服务成本高、风险高，存在市场失灵问题，因此离不开政府的支持。而要实现普惠金融“服务可获得、成本可负担、商业可持续、风险可控”的“四可”目标，政府需要发挥很重要的作用，普惠金融发展其实离不开政府的“有形之手”。具体来说，主要有三个方面的作用：引导带动作用、成本分担作用、风险分散作用。从发挥引导带动作用，增强服务可得性来看，通过政策和资金扶持，引导金融机构的下沉网点和服务，增加普惠金融服务供给，增强被排斥人群的服务可得性。普惠金融产品和服务的提供者主要是银行、保险、担保、小贷公司等金融、类金融机构，以盈利为目的，追求利润最大化，“嫌贫爱富”是本能。因此，有必要通过政府的支持政策和监管手段，引导金融机构加大普惠金融服务供给。就发挥成本分担作用，促进服务可负担推动降低服务成本而言，通过财税金融政策支持，解决普惠金融服务成本与收益不匹配问题，促进弱势群体和金融机构成本可负担，可通过税收优惠、奖补、贴息、定向降准等方式，降低金融机构普惠金融服务经营成本，确保普惠金融服务成本可负担、商业可持续。就发挥风险分散作用，确保风险可控，分散化解金融风险而言，通过政府性担保、政策性保险、风险补偿等方式，有效分散普惠金融经营风险，同时建立健全风险救助和处置机制，妥善化解金融风险，可发展政策性融资担保，建立风险代偿补偿机制，有效分散信贷风险。健全存款保险制度，证券投资者保护基金、保险保障基金等风险救助机制，妥善化解金融风险。

为探索深化民营和小微企业金融服务的有效模式，引导金融资源在尊重市场规律的前提下“支小助微”，自2019年开始，中央财政每年安排20亿元资金，开展财政支持深化民营和小微企业金融服务综合改革试点城市工作，对东、中、西部地区每个试点城市分别奖励3000万元、4000万元、5000万元，支持试点城市落实好中央减税降费政策，着力改善民营和小微企业融资，同时健全融资担保体系和风险补偿机制，防范民营和小微企业信贷风险，切实打好防范重大风险攻坚战。同时，鼓励有条件的省份参照开展省级试点工作。按照试点城市名额分配办法，每年可支持约60个试点城市。

2020年6月，财政部印发《关于下达2020年度财政支持深化民营和小微企业金融服务综合改革试点城市奖励资金预算的通知》（财金〔2020〕60号），确定北京市顺义区等60个市（州、区）为2020年度财政支持深化民营和小微企业金融服务综合改革试点城市，并下达奖励资金。

2. 财政加强对金融机构的管理约束

目前，在货币政策与财政政策相互配合且财政政策居于主导地位的背景下，财政体系尝试主导金融体系的倾向越来越明显。例如，2019年财政体系相继发布《金融企业财务规则（征求意见稿）》《关于金融企业贷款损失准备金企业所得税税前扣除有关政策的公告》和《关于金融企业涉农贷款和中小企业贷款损失准备金税前扣除有关政策的公告》三份政策文件，对金融体系提出一系列约束要求，主要体现在以下几个方面。

（1）业务管理

①对于拨备覆盖率超过监管要求2倍以上的金融机构，应视为存在隐藏利润的倾向，要对超额计提部分还原成未分配利润进行分配。

②不承担风险和损失的资产不得提取贷款损失准备金在税前扣除。

③同业融资业务严格用于流动性管理，原则上不得用于长期限或高风险投资，不得成为盈利主要来源，且要求同业融资业务仅限于交易双方，不得提供任何直接或间接、显性或隐性的第三方金融机构担保。

④金融企业不得将规模增长作为主要计划目标编制预算。

⑤金融企业的境内同业业务一级子公司原则上只能为1家。

⑥金融机构在参与地方基础设施和公共服务领域建设项目时，不得接受

相关地方政府及所属部门的兜底安排，并不得以地方政府财政收支状况作为评估依据，同时对涉及财政资金安排的，应符合规定和要求。

（2）股权管理

对金融企业的股权问题进行限制：

第一，金融企业出资人不得质押限售期内的金融企业股权。

第二，质押融资不得用于股权收购，同时对一定比例的股权质押（全部持有股权的50%以及全部股权的5%）进行股东限制。

第三，金融企业发行资产管理产品或结构化主体可以对金融企业进行财务性投资，但不得成为金融企业主要股东，并且金融企业员工持股计划资金来源应当为员工自有合法资金，不得通过银行贷款等债务资金筹集，不得由金融企业向员工提供垫资、担保、借贷等财务资助。

第四，严禁金融企业管理层以杠杆收购方式取得金融企业股权（含本企业控制的其他金融企业股权）。

第五，用于质押的国有股数量不得超过所持国有股总额的50%，不得将国有股直接过户到债权人名下。

此外，上述政策文件约束的对象范围也比较广泛，具体包括：①依法获得金融业务许可证的各类金融企业；②虽然没有金融牌照，但主要经营金融业务的投资运营机构和金融基础设施企业或机构；③小贷公司、融资担保公司、区域性股权市场、典当行、融资租赁公司、商业保理公司、地方资产管理公司等机构；④经营活动在境内的境外注册机构以及在境外离岸中心、金融自由港等注册的境外注册机构。

（3）国有资本管理

2020年3月9日，《国务院办公厅关于印发国有金融资本出资人职责暂行规定的通知》（国办发〔2019〕49号）公布。该规定的出台，是贯彻落实党中央、国务院关于完善国有金融资本管理决策部署的一项重要举措，是明晰出资人责任、厘清职责边界、理顺产权关系和资本纽带的迫切需要，是保障财政部门发挥职能作用、科学高效履职、积极协同打好防范化解重大风险攻坚战的客观要求。该规定的出台有利于加快构建国有金融资本统一管理框架，优化资本战略布局，增强国有金融机构活力、竞争力和可持续发展能力；有利于保证政策制度公平统一，优化营商环境；有利于加快完善统一开放、公平竞争的现代市场体系，服务经济高质量发展。

为进一步贯彻落实《中共中央　国务院关于完善国有金融资本管理的指导意见》，财政部印发了《财政部关于国有金融机构聚焦主业、压缩层级等相关事项的通知》。

该《通知》涉及以下几方面的内容：一是国有金融机构对所述子公司的出资应满足依法合规、真实自有的要求，以非货币出资时要进行资产评估，同时企业内部的股权关系应当清晰，不得出现交叉持股、反向持股等现象。

二是国有金融机构应当明晰发展战略，应遵循主业优先、精细分工的原则，审慎开展金融综合经营，并限制同类金融业务许可证的同级子公司数量。

三是国有金融机构要结合自身业务规模、风险管控水平等合理确定自身法人管理层级，实质开展业务的法人原则上不得超过三级。

四是国有金融机构要加强对子公司的管理工作，包括但不限于实施并表管理、穿透管理、审慎处理境外投资、建立风险隔离机制、加强关联交易审核等。

3. 财政助力防范和化解金融风险

（1）积极的财政政策更加积极有为，创造良好的金融发展环境

一是适当提高赤字率。2020 年上半年，面对突如其来的新冠肺炎疫情和复杂严峻的国内外形势，中国经济运行面临巨大挑战。面对国内外风险挑战明显上升的复杂局面，财政部认真贯彻落实“积极的财政政策要更加积极有为”要求，围绕做好“六稳”工作、落实“六保”任务，以更大的政策力度对冲疫情影响，真正发挥稳定经济的关键作用，包括适当提高赤字率，明确发出积极信号。将财政赤字率从 2.8%提高至 3.6%以上，赤字规模比 2019 年增加 1 万亿元，达到 3.76 万亿元，稳定并提振市场信心。

二是发行特别国债。2020 年发行了 1 万亿元抗疫特别国债，一方面，是防止赤字率提高过快，对冲疫情特殊时期造成的影响，要求“积极的财政政策要更加积极作为”。相较以往，积极的财政政策力度非同寻常。特别国债预决算周期跨过财年，因此可以不计入财政赤字。这样就减轻了提高赤字率后的财政压力，增加了实施积极财政政策的灵活性。另一方面，发行特别国债也是为了堵住市县基层可能出现的财政缺口。“保基层运转”，本就是“六保”内容之一。受疫情冲击，2020 年多数地区财政收入下滑，市县基层因产业单一，财政资金缺口更大，事实上基层才是能否守住“六保”底线的真正主战场。这是 1 万亿元特别国债和 2021 年新增的 1 万亿元赤字规模全部拨付基层的主因。同时，《关于 2019 年中央和地方预算执行情况与 2020 年中央和地方预算草案的报告》明确要求：除了预留部分资金用于保基层运转，全部用于公共卫生体系等基础设施建设和抗疫相关支出。

三是增加地方政府专项债券规模。2020 年全国专项债券发行规模 41404.4709 亿元，同比增长 59.72%，占发行总量的比重为 64.25%，较 2019 年增加 4.83 个百分点。地方政府专项债券在积极发挥经济拉动作用的基础上，更多地体现了疫情防控和补短板要求。7 月，财政部下发文件要求专项债重点用于国务院常务会议确定的交通基础设施、能源项目、农林水利、生态环保项目、民生服务、冷链物流设施、市政和产业园区基础设施七大领域；积极支持“两新一重”、公共卫生设施建设中符合条件的项目。此外，围绕做好“六稳”工作、落实“六保”任务，专项债投向领域进一步拓宽，允许地方政府专项债资金依法依规用于补充中小银行资本金，借金融杠杆为中小微企业、民营企业提供资金支持，保障其生存发展。而前期作为重点投向领域的土地储备和棚户区改造专项债券发行规模则明显压减。

（2）稳妥化解地方政府金融风险

自 2018 年提出“稳妥处理地方政府债务风险”后，2020 年中央经济工作会议再次提及要“抓实化解地方政府隐性债务风险工作”，财政部发布的《关于进一步做好地方政府债券发行工作的意见》和《地方政府债券发行管理办法》也都特别强调专项债券的偿付风险问题。因此，后续去杠杆的重点应该是化解地方政府债务风险和企业债务风险。当然，这其中包括国有企业、地方政府融资平台在内的企业风险也可纳入地方政府债务风险的范畴。

2020 年永煤债违约事件之后，信用债市场受到巨大冲击。信用债利差扩大，很多信用债取消发行。处于相同的煤岩，山西的煤企自然受到更直接的影响。山西省政府对煤企一如既往“站台”，包括重组整合、公开表态、与金融机构座谈等，与永煤违约后山西煤企一级市场遭遇寒冬有关。

①2020 年中央经济工作会议提出“抓实化解地方政府隐性债务风险工作”，2021 年 3 月 15 日的国务院常务会议则明确“政府杠杆率要有所降低”。国务院国资委发布的《关于加强地方国有企业债务风险管控工作的指导意见》明确指出将“化解国企债务风险作为重中之重”，并细化了企业隐性债务防控问题，明确从严控表外、永续债和对外担保以及规范资金用途和严禁过度融资等方面加强地方国企隐性债务的管控举措。从一系列政策信息来看，政策层面整体上是认可打破刚兑，即强调通过风险出清实现优胜劣汰是资本市场的正常运行机制，投资机构应切实提高风险资产的定价能力。

②此外考虑到融资平台属于地方隐性债务的主要构成部分，因此 2021 年 5 月江苏省发布的《关于规范地方融资平台公司投融资行为的指导意见》也引起广泛关注，值得关注的几点规定包括：a. 切实剥离融资平台公司的政府

融资职能；b. 制订年度地区债务规模总量管控和压降计划，建立市场化的债务风险化解基金或周转资金，不得开展融资性贸易；c. 提高银行贷款和信用债券等标准化融资产品比重，鼓励通过公募 REITs 等权益类、资产证券化方式融资，逐步压降信托、资管计划、融资租赁、私募基金和地方金交所发行产品等各类融资；d. 加强融资成本管控，禁止以咨询费、顾问服务费等名目，违规向第三方支付各类居间费用。

③从更广泛的角度来看，地方国企债务风险防控属于国企改革的一部分，而除此之外加大对商业Ⅰ类国企的战略性重组和专业化整合也是比较明确的方向，而双百企业专项工程、区域性综合改革试验以及科改示范行动也值得关注。

④2020 年是国企改革三年行动计划的第一年，国务院国有企业改革领导小组则明确 2021 年要完成国企改革三年行动计划的 70%，因此，国企改革将是国资委及各地政府 2021 年的重要工作事项，具体包括：a. 分类分层推进国有企业混合所有制改革，推动国有企业战略性重组、专业化整合、结构性调整以及资本市场上市、保值增值；b. 推进国有金融资本、党政机关和事业单位经营性国有资产集中统一监管，减少管理层级。其中，推动辖内区域国企资本市场上市是各地区的重要导向。

⑤2021 年 3 月，国务院国资委专门发布《关于做好央企控股上市公司 2021 年投资者沟通工作有关事项的通知》，要求央企指导境内上市公司在 2020 年年度报告披露后及时召开业绩说明会，原则上上市公司董事长、总经理需亲自参加。如此重视投资者关系工作在国企体系内倒是罕见，我们预计后续地方国企也会参照执行，这意味着国企上市主体的市值管理将会是一个明确的政策导向。

（3）允许地方政府专项债合理支持中小银行补充资本金

我国有 4000 多家中小银行，在银行体系中家数占比为 99%。不过，相较于大型银行，中小银行在资金来源、资本补充等方面不占优势。尤其是受新冠肺炎疫情影响，近段时间以来，中小银行在放贷能力、资本消耗等方面压力加大。尽管近年来部分中小银行通过发行永续债、可转债等方式补充资本，但中小银行可以使用的一级资本工具仍然有限。相关数据显示，目前全国 4000 多家中小银行中，600 多家中小银行资本充足率低于 10. 5%的最低监管标准，有 500 多家风险较高。

2020 年 7 月召开的国务院常务会议决定，在 2020 年新增地方政府专项债限额中安排一定额度，允许地方政府依法依规通过认购可转换债券等方式，探索合理补充中小银行资本金的新途径。这既有利于中小银行稳健发展，也有助于提升中小银行服务实体经济特别是中小微企业、民营企业的意愿和能力。同时，通过地方政府依法依规认购可转换债券，明确地方属地责任，有助于化解中小银行潜在风险，也为未来推动中小银行改革预留空间。

（三）继续深化央地联动监管

1. 地方金融监管的顶层设计

2017 年第五次全国金融工作会议，是本次地方金融监管改革的起点和发令枪，拨开了多年来各界对金融监管总体设计不同看法的迷雾，设计了金融监管的总体方向。会议明确了金融制度的重要作用、重大任务、监管原则等内容。对于地方金融监管，从顶层设计角度，明确了几个方向性认识。

一是地方金融监管的总体目标，要以服务实体经济、防范化解金融风险、深化金融改革为监管的总体目标，虽各有侧重，但应加强目标之间的一致性。

二是地方金融监管的主要任务，即压实地方监管责任，加强金融监管问责。

三是地方金融监管的工作方法，即坚持中央统一规则。增强中央金融监管协调的权威性、有效性，即地方金融监管要服从服务于中央金融监管的工作目标和具体任务。

四是地方金融监管的主要对象。纵向金融监管的覆盖范围比较明确，主要是持牌金融机构以及基于问题导向发现的具有系统性风险隐患的金融组织和活动，那么在很大程度上，地方金融监管就需要对在此之外的金融组织和活动进行监管。在识别风险方面，这种互动是双向的，可能是纵向监管体系发现了需要地方金融监管落实的风险隐患，也可能是地方金融监管发现需要纵向监管体系处理的风险难题。在化解金融风险方面，各方聚焦和讨论较多，下文进一步探讨。

2017 年 7 月第五次全国金融工作会议后，中共中央、国务院印发了《关于服务实体经济防控金融风险深化金融改革的若干意见》规定，“7+4”类地方金融组织交地方监管，其中“7”是指小额贷款公司、融资担保公司、区域性股权市场、典当行、融资租赁公司、商业保理公司、地方资产管理公司等，这 7 类由地方金融监管部门实施监管，中央金融管理部门制定规则；“4”是指投资公司、开展信用互助的农民专业合作社、社会众筹机构、地方各类交易场所等，这 4 类由地方金融监管部门监管，提高准入门槛，严格限定经营范围。这是我国金融监管体制的一次重大改革，首次赋予地方政府金融监管事权，并初步明确了监管范围和工作边界。2018年底，许多省级地方金融监管局由挂靠其他委办局升格为省政府直属机构，加挂“金融工作办公室”牌子，并在本省区内初步实现了“7+4”的统一归口管理。目前，虽然我国地方金融监管机制建设取得了一定进展，但是其发展方向和很多具体细节仍处在探索阶段。

2. 强化对地方金融监管的统筹协同

（1）建立完善地方金融监管协调机制

2020年初，国务院金融稳定发展委员会办公室（以下简称金融委办公室）印发《国务院金融稳定发展委员会办公室关于建立地方协调机制的意见》。该意见提出将在各省（自治区、直辖市）建立金融委办公室地方协调机制，加强中央和地方在金融监管、风险处置、信息共享和消费者权益保护等方面的协作。

金融委办公室地方协调机制将设在人民银行省级分支机构，并由其主要负责人担任召集人，同时以银保监会、证监会等派出机构以及地方金融监管部门、发展改革委和财政部门的同志为成员。该协调机制将在已有中央和地方事权安排下做好区域内同维护金融稳定、保护投资者权益等方面的工作。下一步，该协调机制将从实际出发，在实践中不断摸索优化，与地方金融工作议事机制合力营造良好的金融环境。

（2）建立完善对地方良好金融实践的激励机制

《国务院办公厅关于对真抓实干成效明显地方进一步加大激励支持力度的通知》（国办发〔2018〕117号）要求，对防范化解金融风险、营造诚实守信金融生态、维护良好金融秩序、健全金融消费者权益保护机制成效较好的省（区、市）采取激励措施。2020年2月发布的《对真抓实干成效明显地方激励措施的实施办法（2020）》规定，人民银行、银保监会、证监会依据本部门掌握的地方工作成效情况，参考本部门日常督查情况，对地方营造诚实守信金融生态、维护良好金融秩序、健全金融消费者权益保护机制、防范化解金融风险情况进行评价。对拟予以激励支持的省（区、市）予以以下激励支持：

一是根据该省（区、市）金融机构的实际合理资金需求，适度加大支农再贷款、支小再贷款、再贴现的支持力度，引导金融机构扩大对制造业、“三农”、民营企业和小微企业等国民经济重点领域和薄弱环节的信贷投放。

二是支持该省（区、市）或其辖内地区开展金融改革创新先行先试，在同等条件下对其申报金融改革试验区等予以重点考虑和支持。

三是在充分尊重商业银行自主发展意愿的前提下，鼓励和引导股份制商业银行在该省（区、市）设立分支机构，对于在上述地区的股份制商业银行分支机构设立事项，在履行行政许可程序过程中，视情况开辟绿色通道，优先、从快进行审批。

四是支持该省（区、市）有绿色项目融资需求的企业注册发行绿色债务融资工具，支持符合条件的创投企业注册发行债务融资工具。支持该省（区、市）符合条件的企业发行“双创”公司债券、绿色公司债券等金融创新产品。就“双创”公司债券、绿色公司债券等设立专项审核机制，实行“专人对接、专项审核”，适用“即报即审”政策，提高上市审核、挂牌转让条件确认工作效率。就“双创”公司债券、绿色公司债券承销情况建立榜单，对证券公司实施正向激励。优先发展房地产投资信托基金（REITs）。

五是支持该省（区、市）或其辖内地区积极探索保险业改革，助推经济转型升级，服务实体经济发展；支持该省（区、市）保险机构（含分支机构）结合本省（区、市）经济、社会和民生领域实际需求开展保险产品和业务创新。在符合条件的前提下，支持设立专业化的保险法人机构。在充分尊重保险公司自主发展意愿的前提下，鼓励和引导符合条件的保险公司在该省（区、市）设立分支机构。

（3）加强统一小额贷款公司监督管理

2020 年 9 月，中国银保监会办公厅印发《关于加强小额贷款公司监督管理的通知》。该《通知》主要从规范经营、加强经营管理、加强监督管理、加大支持力度四个方面对如何做好小额贷款公司的监管管理工作提出了具体要求，同时，还对小额贷款公司的各项资产定量指标、贷款资金用途等内容进行了规定。

（4）加强统一政府性融资担保机构监管

为促进政府性融资担保机构发挥作用，中国银保监会等七部门于 2020 年 8 月印发了《关于做好政府性融资担保机构监管工作的通知》。

该《通知》主要包含以下内容：一是要做好政府性融资担保机构的确认与公示工作；二是各政策性融资担保机构要坚守服务公共的角色定位，重点扶持“三农”及小微企业；三是要从内外部角度共同出发，加强政策性融资担保机构的自身能力建设；四是金融监管部门要加大检查与监督引导力度。

该《通知》明确了监管红线，要求政府性融资担保机构规范收费，不得向客户收取担保费以外的保证金、承诺费、咨询费、顾问费、注册费、资料费等其他费用。监督管理部门应当与银保监局建立监管协作机制，及时掌握政府性融资担保机构代偿履约等信息，对存在应偿未偿、拒绝履约情况的机构，督促其按合同约定代偿，切实维护本地区政府性融资担保机构的信誉。

（5）加强统一融资租赁公司监督管理

2020年6月，中国银保监会印发《融资租赁公司监督管理暂行办法》，该暂行办法明确了融资租赁公司业务范围和融资渠道，调整及细化了一系列监管指标的阈值并要求租赁公司建立资产质量分类、准备金和关联交易等制度，还要求地方金融监管部门对辖内存量融资租赁公司进行分类梳理。主要分为以下几个方面：一是量化指标方面，该暂行办法对融资租赁公司融资租赁资产比重、风险资产总额、单一融资租赁资产比例等进行了细化，通过细化具体的监管比例做好融资租赁公司的风险防范工作。

二是对融资租赁公司的日常经营行为设置监管红线，其不得参与非法集资、吸储等活动。

三是存量风险处置方面，该暂行办法一方面要求要把好融资租赁公司的准入关，另一方面要求金融监管部门要确定合理划分融资租赁公司的标准及指标，并在此基础上实施分类监管。2021年初，上海市地方金融监督管理局还根据《融资租赁公司监督管理暂行办法》及《上海市地方金融监督管理条例》，研究起草了《上海市融资租赁公司监督管理暂行办法（征求意见稿）》，以规范上海市融资租赁公司监督管理。

（6）加强统一典当行监督管理

2020年5月，中国银保监会办公厅《关于加强典当行监督管理的通知》，从以下五个方面提出监管要求，指导各地加强典当行事前事中和事后监管，促进典当行业规范发展。一是增强服务意识，完善准入管理。从做好证照衔接、审慎稳妥准入、完善准入管理、规范人员管理、优化审批服务、共享许可信息六个方面提出要求。二是依法合规经营。典当行业要规范自身经营行为，优化服务流程及收费。三是压实监管责任，地方金融监管部门要加强对典当行业的从严、从优监管。四是要减量增质，从细化认定标准、加强信息公示入手推动行业高质量发展。五是要为典当行业健康持续发展提供政策支持，优化行业发展环境。

同时，通知还提出了以下两个有针对性的监管要求：

一是合理确定息费。典当当金利率按贷款市场报价利率（LPR）及浮动范围执行，当金利息不得预扣。二是依法处置绝当。典当行应当采用协议折价或者协议拍卖、变卖的方式及时处理绝当物，并就所得价款优先受偿。拍卖、变卖收入在扣除拍卖、变卖费用及当金本息后，剩余部分应当退还当户，不足部分应当继续向当户追偿。

3. 地方金融监管制度建设取得进展

（1）《北京市地方金融监督管理条例》

2021 年 4 月 16 日，《北京市地方金融监督管理条例》通过，自 2021 年 7 月 1 日起施行。该条例主要从履职要求、风险责任和监管工作等几个方面，对地方金融监管工作予以明确。

一是履职要求：按照有关要求，地方金融组织的业务规则由中央金融监管部门制定，地方可就其经营规范和日常管理制定规则。该条例严格准入管理，地方金融组织的设立、变更和名称使用等，应当经审批、备案或登记；设定经营规范，确立地方金融组织审慎经营、金融风险内控、消费者保护、合规营销等义务和董事、监事、高级管理人员的忠实勤勉义务；完善市场退出约束，控股股东等可以书面承诺承担地方金融组织未清偿债务，地方金融组织解散应对未到期债务等做出明确安排。

二是风险防范处置的工作机制。强化监管、严控风险需要央地监管力量协作并与周边省份的协同联动，北京市在金融监管、风险处置、信息共享等方面，加强与中央单位和其他省份的协作。需要市区两级政府、两级金融监管工作部门合力，市政府建立金融工作议事协调机制，领导金融监管和风险处置；区政府及金融工作部门要落实、实施相关监督管理和风险防范工作。需要公安、市场、通信、网信等部门配合，相关部门在各自职责范围内采取措施加强监督管理，做好风险防范处置。

三是监管工具。该条例明确了监管方式，地方金融监管部门有权采取现场检查、信息报送、监管谈话、发警示函、信息公示、信用监管等措施；规范了金融审慎措施，存在重大金融风险隐患的，市地方金融监管部门有权暂停业务、限制重大资产处置、限制股东权利；要求强化执法合作，市地方金融监管部门可以向有关职能部门提出协助请求，由有关部门依法查询、冻结资产。

（2）《湖北省地方金融条例》

2021 年 4 月，《湖北省地方金融条例》通过，自 2021 年 7 月 1 日起施行。该条例在制定过程中，将“科学立法、民主立法、依法立法”的要求贯穿始终，在广泛征求意见、论证评估的基础上，根据中央对地方金融工作的顶层设计，在地方立法权限范围内制定符合湖北省实际的、有针对性的条款内容。主要体现在：一是按照立法权限立法。由于金融的基本制度属于中央事权，为此，立法过程严格依照地方立法权限，着重把握地方监管职责范围和突出该条例的实施性。二是根据监管需要立法。地方金融监管工作是国家赋予地方的新职责，对此，立法回应现实关切，对地方金融监管的管理体制、监管措施与方式、风险防范与处置等方面做出规定。三是坚持问题导向立法。针对湖北省金融发展在规模、质量、数量上有差距以及金融供给不足等问题，突出鼓励和支持地方金融发展与服务实体经济的相关内容，通过立法引导金融回归本源，提升金融服务实体经济的效率和水平。

该条例的特征主要体现在以下几个方面：

一是落实到县域的责任分工。当前地方金融组织县域化的经营模式，使金融风险向县域地区集聚。该条例根据湖北省地方金融风险的特殊性，明确了省、市、县三级政府的职责分工，层层落实属地金融风险防范和处置责任，并按照要求搭建起了地方金融监管双协调的工作机制。

二是加强机构准入与行为监管。该条例强调地方金融组织的设立、变更、终止，应当按照国家有关规定办理相关批准、备案等手续。湖北省地方金融组织依法登记或者变更企业名称时应当注明其主营金融业务字样，并在登记经营范围时注明其取得经营资格的全部金融业务字样。地方金融组织解散、破产或者决定终止经营相关金融业务的，应当向湖北省地方金融监督管理部门报告并接受指导和监督。同时，细化了地方金融组织的经营管理规范。要求湖北省地方金融组织加强公司治理，建立完整业务规则和管理制度体系，定期向湖北省地方金融监督管理部门报告规定事项及重大风险事项；为保护金融消费者合法权益，要求地方金融组织建立金融消费者适当性制度，履行信息披露与风险提示义务，加强个人信息保护；同时以列举形式对禁止性行为做出规定，要求地方金融组织不得有非法集资、非法吸收存款或者变相吸收存款，出借或者出租经营资格，以及超越经营范围经营等行为。

三是着重强调服务实体经济和地方金融发展。该条例制定的背景强调，从湖北省金融业情况看，发展不足仍是主要矛盾。因此，该条例坚持问题导向，将促进湖北省地方金融发展和引导金融服务实体经济作为湖北省金融工作的重要内容，设专章重点从金融产业发展规划编制、金融集聚区建设、融资结构改善支持、金融人才支持等方面做了规定，同时结合金融发展的新要求，通过立法引导促进普惠金融发展，提高金融服务的可获得性；结合湖北省作为科技大省的优势，加强科技金融支持，引导金融资本与知识产权资源对接；与“绿色发展”理念相衔接，加强绿色金融支持，引导金融机构、地方金融组织为支持应对气候变化、环境改善、资源节约高效利用和生态环境保护等经济活动提供金融服务。

(3)《江苏省地方金融条例》

2021 年 3 月 31 日,《江苏省地方金融条例》通过。主要体现以下特征:

一是突出了消费者保护。该条例明确，地方金融组织提供金融产品和服务时，应当履行告知与金融产品和服务有关的所有费用、利率、数量、违约金及其计算方法等涉及金融消费者重大利益内容的金融消费者权益保护义务，并通过文字或者音像等方式记录；不得违背金融消费者意愿捆绑搭售产品、服务或者附加其他不合理条件。该条例明确了非法金融活动的内涵，要求任何组织和个人不得未经依法许可或者违反国家金融管理规定，擅自从事金融业务活动。禁止任何形式的非法集资。

二是高度重视互联网金融监管。该条例就此明确企业、个体工商户名称和经营范围中不得包含的字样或者内容，“金融”“交易所”“交易中心”“理财”“财富管理”“股权众筹”“贷”“典当”“融资担保”“融资租赁”“商业保理”等字样或内容都被纳入范围，有关登记部门对此负有把关责任。广告经营者、广告发布者也负有把关责任，其应当依据法律、行政法规查验相关金融业务许可证件或者经营资格批准文件，核对广告内容，如果相关证件、文件不全或广告内容不符，不得提供设计、制作、代理服务，广告发布者也不得发布。通过互联网传播非法金融活动信息，是风险扩散、蔓延的重要渠道。该条例对互联网信息服务提供者赋予了加强对用户发布信息管理的责任，明确不得制作、复制、发布、传播涉嫌非法金融活动的信息；如果发现涉嫌非法金融活动的信息，应当立即采取必要措施防止信息扩散，保存有关记录，并向有关监管部门报告。

(4)《江西省地方金融监督管理条例》

2020 年 11 月,《江西省地方金融监督管理条例》通过。2018 年 10 月，江西省机构改革后，成立省地方金融监督管理局，负责“7+4”类地方金融组织监管。然而，在实际监管工作中，除融资担保行业有上位法外，其他地方金融组织监管依据多为部门规章和规范性文件，个别地方金融业态监管规则尚属空白，地方金融监管执法主体身份不明确，执法依据不足，执法手段缺乏。该条例的颁布实施，赋予地方金融监管部门监管职能，明确执法依据，强化监管手段，有利于规范地方金融监管部门履职，加强“7+4”类地方金融组织监管。该条例主要体现以下几个特征:

一是强化地方金融监管手段。第一，建立分类监管制度。省地方金融监督管理部门建立地方金融组织分类监督管理制度，根据地方金融组织的类型、经营规模、风险状况等，明确日常监管内容。第二，现场检查和非现场监督管理。现场检查可以采取询问相关工作人员、查阅或者复制与检查事项有关的文件及资料、检查业务信息管理系统、先行登记保存等方式；非现场检查可以利用大数据等现代金融科技手段，对地方金融组织业务活动及其风险状况进行分析、评价和监管。第三，丰富地方金融监管措施。对一般性违法违规行为，可以采取监管谈话、出具风险提示函、责令定期报告、责令地方金融组织相关人作说明等监管措施。

二是强化区域金融风险处置。强化属地风险处置责任是第五次全国金融工作会议的明确要求，为此，该条例明确：根据地方金融组织业务活动引发风险的程度不同，设定了“责令暂停相关业务、责令停止增设分支机构”“查封、扣押与违法行为相关的经营活动场所、设施或者财物”“接管、安排其他同类地方金融组织实施业务托管”等措施；县级以上人民政府非法集资等非法金融活动排查、监测预警、风险提示、风险防范及处置等方面的职责；明确国务院金融监管部门在赣派出机构、地方金融监管部门、公安、市场监管、网信、通信管理等部门在金融风险防范和处置中的工作责任，建立金融风险联防联控工作路径，提高金融风险防范化解效能。

三是强调地方金融发展与服务。金融业是现代服务业的重要组成部分，金融业对国民经济和财政收入贡献度日益提升，2020 年江西省金融业增加值 1808. 6 亿元，占 GDP 比重 7. 04%，金融业税收 278. 78 亿元，占税收总收入比重 8. 6%，金融业已经成为江西重要支柱性产业之一。该条例借鉴发达省市做法，结合江西省发展实际，创新提出支持和促进金融业发展的相关措施，从支持现代金融集聚区建设、鼓励金融机构及地方金融组织产品服务创新、完善多层次资本市场体系、支持地方金融人才队伍建设等方面，提出增强江西省金融发展核心竞争力，助推金融业高质量跨越式发展的路径。

（5）《内蒙古自治区地方金融监督管理条例》

2020 年 9 月，《内蒙古自治区地方金融监督管理条例》通过。该条例主要体现了以下特色：

一是健全了地方金融三级监管体系。该条例明确要建立统一的协调配合监管机制，各级地方金融监管机构要在授权职责范围内履行好风险防范与处置职责，同时要加强与金融办地方办公室的配合。

二是完善了地方金融促进与发展政策体系。该条例要求要在从严从优监管的基础上做好相关服务工作。一方面，要大力优化金融政策及司法环境等措施；另一方面，要坚持服务实体经济的导向，为企业发展提供资金支持并补足资本市场短板。

三是确立了宽严相济的法律责任体系。该条例在国家相关规定的指导下，结合其他地方经验与本地实际建立了具有梯度的处罚机制，同时还探索实施金融组织与董监高等主体的“双罚制”。

（6）《广西壮族自治区地方金融监督管理条例》

2020 年 9 月，《广西壮族自治区地方金融监督管理条例》通过，目前广西地方金融组织已经超过 600 家，但相应金融监管规范的缺乏制约了金融行业的有序发展，该条例的出台对填补规范空白及维护地方金融稳定具有重要意义。一是加强地方金融组织准入监管。各地方金融组织的设立、变更、终止等要按照规定履行申请、备案手续，相关金融监管部门也要及时公布并更新相应信息。二是加强地方金融组织业务活动监管。地方金融监管部门要通过实施分类监管措施及建立信息监管平台等措施提高监管工作的精准度和科技度。三是落实地方金融风险防范与处置责任。该条例一方面要求各地方政府部门之间要实现金融监管信息的互联互通，另一方面对各部门之间的金融风险防范与处置职责进行了划分，并明确了地方金融监管部门可以采取的风险防范与化解措施。

（7）《浙江省地方金融监督管理条例》

2020 年 5 月，《浙江省地方金融监督管理条例》通过，浙江省人大官网上对该条例进行了公布，标志着浙江省正式立法监管地方金融。该条例自 2020 年 8 月 1 日起施行，也给了地方金融组织一定的应对时间。主要创新和亮点体现在以下几个方面：

一是该条例明确了地方金融组织实行行政许可或者备案制，并实行信息公示制度。辖区内各地方金融组织及民间融资服务企业要根据该条例的规定履行许可证申请或备案程序，各金融监管部门要将行政许可、备案信息及时告知公众，如果违反上述规定，相关机构或企业将面临相应的处罚。

二是该条例明确规定要规范股东持股行为，对相应股权实行集中统一托管。

三是该条例规定了地方金融组织的从业报告制。对于省外注册设立的地方金融组织，其要定期向浙江省内的地方金融监管部门报告业务开展情况，并按时报送财务审计材料、严重影响正常经营的重大事项等，如未按时报告及报送，将面临相应的处罚。

四是该条例明确规定法人金融机构要将法人治理结构失衡、业务模式发生重大变化、发生重大诉讼事项等风险信息及时报告。

五是该条例规定鼓励探索建立企业金融顾问制度。现阶段虽然企业金融顾问制度尚未建立，但企业若能在经营过程中建立起法律顾问制度，也可以帮助企业防范金融风险及其他法律风险。

（8）《上海市地方金融监督管理条例》

2020 年 4 月，《上海市地方金融监督管理条例》通过，自 2020 年 7 月 1 日起施行。2020 年是上海国际金融中心建设的决胜之年，该条例既凸显了上海金融法治建设的特色，也完善了法治保障体系。

一是突出了国务院金融稳定发展委员会办公室地方协调机制。该条例明确提出本市金融工作议事机制要加强与金融办地方办公室的协作配合，要充分发挥两个机制在风险处置、消费者保护等方面的各自作用，尤其是要妥善处理重大风险事件及影响区域金融稳定、社会秩序事件。

二是强调了长江三角洲区域金融监管合作机制。要加强区域内各省市金融监管管理及执法工作的协作配合，实现内部监管机制的有效联动。

三是建立健全区级地方金融监管机制。要加强区人民政府对相关金融工作的领导作用，推动金融监管触角下沉及风险监管关口前移。

四是更加重视监管科技的运用。该条例明确市金融监管部门建设运营地方金融监督管理信息平台，要求各金融监管部门运用现代科技技术提高信息平台收集、处理、分析相关数据的效率及能力，各监管部门要利用信息平台的分析报告实现风险预警与风险处置关口的前移，各金融组织也要积极配合金融监管部门的信息收集工作。

五是明确了剩余风险的责任边界。该条例明确了地方金融组织可以建立控股股东或者实际控制人承担剩余风险责任的制度安排，只要前述主体出具了相关书面承诺，那么控股股东或实际控制人将承担其所在金融组织的未清偿债务。

二、进一步深化改革可关注的重点问题

1. 中央银行的资产负债表面临重构的挑战

从严格意义上来说，这一挑战自 2013 年和 2014 年就已经开始了，外汇占款开始下降，基础货币释放渠道萎缩，各种工具被创设出来。各种工具的利弊已经被讨论很多了，其中被讨论最多的自然是持有国债，但是改革需要联动财政和金融，是个大改革，没有顶层设计不可能。

2. 金融政策协同性有待提高

金融是现代经济的核心，财政是国家治理的基础和重要支柱，两者之间如何协同创新发挥更大作用，是非常重要的问题。从全球范围看，世界经济危机的爆发和蔓延，让人们普遍意识到，经济波动很难依靠单一政策平复，各个国家越来越重视经济政策的“组合拳”。国家的宏观经济的职能，要保持持续协调发展，财政和金融政策是需要协同的。财政政策要有逆周期的概念，金融货币政策把稳定经济增长放在特别重要的位置，在重大的时刻，人民银行都释放了很好的货币政策信号，并创造了一系列便利工具，对经济稳定运行起到了保障作用。然而，财政与金融政策的协调创新，在三个方面仍存在循环不畅的问题：一是社会供给与社会需求之间结构性脱节，主要原因是我们的市场化改革还没有完成，市场机制在资源配置中没有真正发挥决定性作用。二是金融供给与金融需求之间的结构性脱节，这是导致经济活力不足的主要原因。比如，实体经济、小微企业融资难、融资贵的问题，就是金融供给和金融需求不匹配造成的，在结构上是错位脱节的。三是公共服务供给和公共服务需求之间结构性脱节。比如大学生就业，我们培养出来的大量的人才，有的却因为专业设置有问题而找不到工作。教育积累的人力资本，很多是低效的，导致公共服务和经济社会发展之间没有形成一种良性循环。

3. 综合监管有待加强，风险防控任重道远

目前，财政金融监管部门仅有企业会计信息质量检查一种途径，途径的单一和监管效果的不佳不利于其发挥应有的综合监督作用。究其原因，是财政金融监管部门软硬件力量的薄弱制约了其作用的发挥，而该原因集中表现在财政金融监管部门缺乏足以应对大量业务和会计数据的信息技术以及缺乏相应的财务、法律人才等。

4. 货币政策仅限于解短期之急、总量型特征仍然较强

虽然主要经济体的中央银行在明确其目标时均特别强调促进就业和经济增长、保持价格稳定和国际收支平衡，但从实践来看，中央银行的货币政策目标或功能主要是调控金融体系的波动性，其职责是解短期之急、应急之需，而在应对经济衰退方面所起到的作用便是通过调节利率、释放货币、疏通信用传导渠道，为财政政策等其他经济政策提供一个适宜的宏观环境。

此次新冠肺炎疫情所引致的全球金融市场波动以及其所带来的经济层面技术性衰退风险便是最好的例证。尽管美联储在半个月的时间内便将联邦基金目标利率调降至零利率区间并取消准备金率、实施无限量 QE 等以及其他经

济体的货币政策也相继跟随，但从根本上缓解全球市场情绪方面效果并不明显。

特别是货币政策在应对全球经济方面往往无能为力，意味着货币政策在应对流动性危机方面的效力实际上也在逐渐减弱。或者说货币政策需要和财政政策结合在一起才能更有效地发挥其在应对经济衰退风险方面的作用。

出现了一定的通胀苗头。2021 年 3 月，PPI 当月同比与环比分别上扬 4.40%和 1.60%，分别创 2018 年 7 月和有数据（2002 年）以来新高，较 2 月更是分别大幅抬升 2.70 个和 0.80 个百分点。与此同时，2021 年 1—3 月，PPI 累计同比上升 2.10%，较 1—2 月抬升 1.10 个百分点。2021 年 3 月，CPI 当月同比和累计同比分别为 0.40%和 0，较 2 月分别抬升 0.60 个和 0.30 个百分点。自 2020 年 5 月以来，CPI 与 PPI 之间的剪刀差由 6.40%持续收窄至 2021 年 3 月的-4%，并在某种程度上推动了货币政策开始趋于收紧。事实上，原材料等生产资料价格的大幅上行表明经济生产活动较为活跃积极，但 CPI 与 PPI 剪刀差的收窄表明工业企业的利润空间可能正在被压缩，处于低位的 CPI 预示着现在的经济处于生产火热但需求端仍然低迷的阶段，也即现在过热的生产在消费低迷困境无法扭转的情况下未来将很有可能造成大量库存积压，并带来较大的去产能压力。2021 年 4 月 8 日，国务院金融委召开第五十次会议，研究加强地方金融机构微观治理和金融监管等工作，特别提及要保持物价稳定，其中的关键是关注大宗商品价格走势。这主要是因为全球大宗商品价格的上涨将会通过贸易、金融等方式向国内传导，造成国内输入性通胀压力较大。

5. 地方政府杠杆率下降仍有难度

在 2019 年末的一场地方债市场建设的研讨会上，财政部预算司的一名官员就引用了一个数据，2018 年末，专项债的余额约为 7.39 万亿元，已经超过政府性基金收入。他说：一般用债务率衡量债务风险，分子是专项债余额，分母是政府性基金预算收入。现在实施逆周期调节，分子要扩大，分母应该更快跟着扩大，这样项目风险才能控制住，但现在分母受房地产市场调控政策影响，分母扩大的量很小。

这里说的问题是，土地出让收入虽然也在增长，但其实远不如分子（专项债余额）增长得快。而且，未来土地出让收入如果出现下降，那么意味着分母在缩小，分子还在急速扩大，债务率会越来越高。那么怎么办？要么是增大分母，要么是缩小或者控制分子的增速。该官员的建议是做大分母，把非税收入部分纳入偿债的资金，但实际操作起来有很大难度。

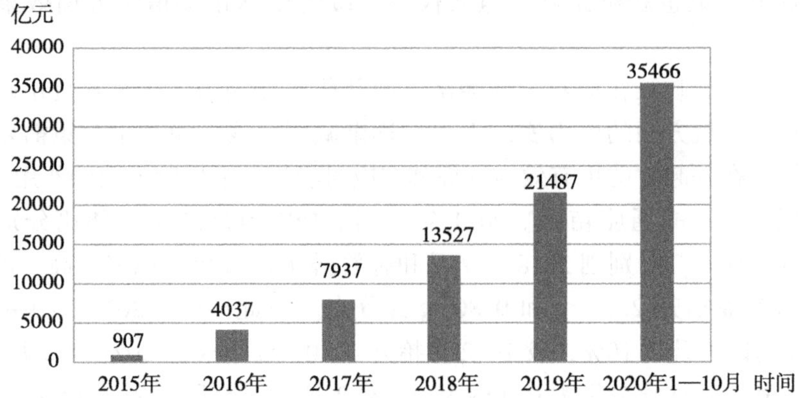

图 2-1　历年实际新增专项债券发行额（2015 年至 2020 年 10 月）

三、改革展望

在迈向高质量发展阶段，宏观经济政策主线是供给侧结构性改革，不能把眼光仅仅局限于政策层面，必须是“政策+改革”，而且主要靠改革。

1. 充分发挥国家和地方融资担保机构作用

中央层面，一是要完善考核评价及奖惩机制，鼓励引导相关机构加大对小微企业和“三农”的支持力度。二是既要推动监管部门加大指导和考核力度，又要尽快推动银行落实银保合作政策。三是要尽快完善国家融资担保基金业务制度，拓宽政策红利覆盖范围。

地方层面，一是以担保机构自身能力建设为中心，通过多种方式增强资本实力。二是要加快辖内政府性融资担保体系建设，在明确省级龙头机构的基础上发挥其纽带作用，同时优化县级机制布局部署，避免盲目跟风。三是要切实加大财政支持力度，建立长效机制，提供保障支持。

2. 履行好国有金融资本出资人职责，引导金融加大服务实体经济力度

一是优化资本布局。积极发挥国有金融资本投资、运营公司作用，合理调整国有金融资本在各金融行业的比重，引导鼓励国有金融资本向基础设施、关键领域等行业集中。

二是规范资本运作。一方面要加快构建国有产权登记及流转管理制度，优化各项操作流程；另一方面也按照分类监管、穿透监管的原则加强对国有金融资本运作的监督管理，确保可以守住不发生系统性金融风险的底线。

三是强化考核激励。优化国有金融企业的工资晋升机制，通过差异化薪酬、实施包含持股计划在内的各项中长期激励机制，提高员工的积极性。

四是维护资本安全。完善国有金融资本管理问责机制及国有股权董监高管理制度，尽快补齐制度短板，为相关主体的“为”和“不为”设置范围边界。

五是完善法治保障。要按照法定程序加快制定国有金融资本管理条例，在及时落实党中央部署的情况下为国有金融资本管理提供法治支撑。

3. 研究完善支持 REITs 发展的财税政策

与国外成熟市场的 REITs 产品相比，目前我国 REITs 产品存在投资者及公司“重复纳税”问题，为了解决此类问题，应尽快研究出台针对公募 REITs 的税务政策。该税务政策要整合各个环节所涉及的税种税项，通过相关政策的研究以解决“重复纳税”中的痛点和难点问题。可以通过免予代扣代缴个人所得税、提前扣除企业所得税中投资者收益部分、延缓企业所得税缴纳时间等方式实现单一征税。

第三章　以实体经济为本的金融监管引领[①]

一、主要改革政策举措

（一）推动金融系统向实体经济让利

1. 加强政策目标引领

（1）中央政治局会议提出“六保”目标

2020年4月17日，中央政治局召开会议，分析国内外新冠肺炎疫情防控形势，研究部署抓紧抓实抓细常态化疫情防控工作，中共中央总书记习近平主持会议。会议首次提出“六保”，明显淡化了2020年当年目标的实现，货币政策设定中新增“降息”的表述，体现出更为宽松的政策取向。会议重新提及“积极扩大有效投资”，具体内容包括旧城改造、传统基建、新基建、民间投资、支持出口转内销五个方面。同时，会议对环境、房价两个硬约束咬住不放，显示了不惜一切代价扭转资源错配格局的决心。会议为疫情期间宏观经济政策、金融政策定下了总体基调。

会后，各级政府纷纷出台减税降费、减免租金、财政贴息等支持政策，落实“六保”任务，各大金融机构纷纷创新业务积极配合落实保市场主体的任务。

（2）国务院常务会议明确金融机构向实体让利1.5万亿元人民币目标

2020年6月17日，国务院例行召开常务会议，会议指出要“进一步通过引导贷款利率和债券利率下行等政策，推动金融系统全年向各类企业合理让利1.5万亿元”，明确释放出“支持实体经济”的货币政策信号，即要在发挥好积极财政政策的同时，加大货币金融政策支持实体经济的力度，为“保市场主体”提供金融支撑。

（3）有效推进金融企业向实体让利

2020年2月，中国人民银行发布《2019年第四季度中国货币政策执行报

---

① 本章作者为罗青林、余碧琳、徐思维。

告》(以下简称《报告》),提出"金融企业向实体让利"。《报告》从降低存款准备金率、加强对重点行业信贷支持等方面提出了金融向实体让利的具体举措,《报告》于2020年2月疫情肆虐之际出炉,其中提出的"为金融机构支持实体经济提供2.7万亿元长期资金",表明监管层已经预感到疫情期间实体经济可能遭遇的巨大困难,并认为金融体系有向实体经济进一步让利的空间和必要性。可以说,《报告》为之后2020年至2021年的让利政策吹响了号角。

2020年12月31日,中国人民银行行长易纲在新年致辞中明确表示,"目前银行已累计完成对6万多亿元贷款的延期还本付息,累计发放3万多亿元普惠小微信用贷款,支持3000余万户经营主体,实现1.5万亿元金融系统向实体经济让利目标",这标志着1.5万亿元的让利目标已经完成。

此次让利规模包含了贷款利率下降、优惠利率贷款、债券利率下行、直达工具、减少收费等几部分内容,主要通过延期还本付息政策、加大对民营小微企业等薄弱领域的支持力度、坚决清理规范减免银行保险机构收费和大力整治违规收费问题等方式实施。贷款利率下降让利包括:深化贷款市场报价利率(LPR)改革引导贷款利率下降让利5900亿元;一年期LPR累计下行带动2020年全年贷款利率下降让利5600亿元;8月存量贷款定价基准转换中直接降低利率和重定价后利率下降让利约280亿元。优惠利率贷款让利包括:再贷款再贴现支持发放优惠利率贷款让利460亿元。债券利率下行让利包括:2020年新发行国债、地方债、公司信用类债券利率下降向债券发行人让利1200亿元。直达工具让利包括:普惠小微企业贷款延期支持工具,通过减少企业孳息支出、过桥费用等方式为企业让利3580亿元;普惠小微信用贷款支持计划,为企业节约担保费用240亿元。减少收费让利包括:银保监会通过督促银行减少收费、支持企业重组和债转股等方式引导银行让利约4200亿元。

2020年,面对突如其来的疫情影响和全球经济的深度调整,监管引导中国银行业加大对实体经济支持和减费让利力度,到2020年末,1.5万亿元人民币让利目标实现,为实体经济的调整和修复起到了巨大的支撑作用。当前,全球经济仍然呈现低增长、低利率、低投资的现象,息差普遍收窄,2021年第一季度末,各大上市银行披露的2020年业绩表现,从平均营收增长较上年的情况来看,六大国有银行下降3.2%,股份制银行下降8.63%,城市商业银行下降1.16%,农村商业银行下降6%,中国银行业利润率进一步与全球同行趋同,银行业以缓慢但坚实的步伐支持实体经济在逆境中发展。

2. 多工具引导资金价格下降

（1）深化政策利率改革，通过 LPR 驱动企业融资成本下行

2020 年，政策面希望通过锚定 LPR 利率，促进存贷款基准利率与市场利率并轨，有序缓解传导淤塞。存款利率基准向回购利率、贷款利率向 LPR 利率或 SHIBOR 利率看齐，引导贷款利率、债券利率下行。2019 年 8 月，按照国务院部署，人民银行改革完善 LPR 形成机制。经过一段时间已见多重成效：LPR 报价逐步下行。在 LPR 的下行引导下，贷款利率明显降低，且降幅大于 LPR 降幅。

整体上看，虽然 1 年期 LPR 与 5 年期以上 LPR 继续非对称下调，但总体方向是一致的，即向下调整。这意味着在企业贷款利率下调的同时，房贷利率也下调了，对购房者是极大利好。自 2019 年 9 月以来，LPR 与 MLF 之间的利差空间一直比较稳定。未来极有可能会采取压缩 LPR 与 MLF 之间利差的方式来推动商业银行向实体让利。

当前，银行新发放的企业贷款定价基准已全面转化为 LPR。由于银行资金成本压力较大，未来银行净息差对 LPR 报价的敏感度进一步上升，下调 LPR 报价趋于谨慎。但 LPR 和贷款利率并不是简单的对应关系。2020 年 7 月，企业贷款利率同比下降 0.64 个百分点，降幅明显超过同期一年期 LPR 的降幅，金融机构向企业让利的目标促进了企业贷款利率的下行。

未来，利率市场化改革稳步推进，贷款利率仍有下降空间。此次疫情后中国坚持实施正常的货币政策，在三次降低法定准备金率、开展 MLF 操作和再贷款再贴现基础上，灵活开展公开市场操作，通过 LPR 下降推动降低企业贷款利率，降低社会融资成本。2020 年 8 月，中国五大商业银行明确将个人住房贷款统一调整为 LPR 定价方式，进一步推动了金融系统向实体经济让利，“MLF 利率→LPR→贷款利率”的利率传导机制得到充分体现。

（2）整顿存款市场不当竞争，保障资金供给可持续性

2020 年 6 月，银保监会下发结构性存款违规展业问题专项文件，要求银行科学审慎设计结构性存款，不得发行收益与实际承担风险不相匹配的结构性存款，避免银行机构盲目提升存款成本；积极疏通货币政策传导机制，鼓励政策性银行与地方中小银行、互联网银行合作，提供低成本资金，以转贷款方式向民营、小微企业进行精准滴灌，缓解小微企业融资难、融资贵问题。2020 年以来，部分企业在货币宽松环境下，在中小银行购买结构性存款套利的现象突出（有些银行发行的结构性存款产品利率较高，与此同时，银行对于一些小微企业贷款、大型企业中长期贷款等的利率却较低，导致个别企业

以较低利率融资后，再去违规投资一些结构性存款产品），引起监管关注。1—4月，银行业结构性存款规模连续环比增长并创新高。截至2020年4月末，结构性存款规模达12.1万亿元，较2019年末增约26.5%。伴随监管机构的窗口指导，该数据已有回落，截至2020年5月末的余额为11.8万亿元，环比下降3000多亿元。后期监管部门在加强对小微企业信贷支持的同时，对违规挪用银行信贷资金、违规套利等行为也会继续加强监管，以压降银行业负债端成本，为降低实体经济融资成本打好基础。北京银保监局也曾于2020年6月12日下发《关于结构性存款业务风险提示的通知》。银保监会出台专项文件针对结构性存款，无疑是为了理顺资金流向，确保结构性存款产品真正服务实体经济。

（3）继续加强收费治理，切实降低冗余资金成本

为促进“六保”“六稳”，银保监会出台了《关于进一步规范信贷融资收费　降低企业融资综合成本的通知》，要求银行加强合作机构管理。该《通知》把出台新措施、细化旧政策、系统化原禁令三者并举，适用于各类型企业，同时充分体现对小微企业的政策支持。该通知对于缓解企业融资难、融资贵问题发挥了积极作用。但是，融资领域仍存在不合理收费、贷存挂钩和强制捆绑搭售等问题。

之后，银保监会发布了《关于2020年推动小微企业金融服务“增量扩面、提质降本”有关工作的通知》（银保监办发〔2020〕29号），明确了不同融资环节的降成本要求和增信环节的要求。通知的出台有利于进一步规范信贷融资各环节收费与管理，维护企业知情权、自主选择权和公平交易权，降低企业融资综合成本，聚焦小微企业“融资难”问题精准发力。

（二）加强重点领域金融支持

为推动经济高质量发展更好地贡献金融力量，2020年各部门加大了对小微企业、脱贫攻坚和乡村振兴、出口企业、绿色金融以及消费金融等重点领域的支持力度。

1. 对小微企业金融支持监管化、约束化

（1）八部门联合出台《关于进一步强化中小微企业金融服务的指导意见》

2020年，在新冠肺炎疫情冲击之下，实体经济特别是小微企业面临较大的生存压力。正因为如此，自2020年2月以来，政策层相继出台了多项措施，市场流动性整体宽裕，在一定程度上有助于银行给中小微企业提供融资。不过，值得关注的是，也有部分资金淤积于银行间和金融市场，导致货币政

策传导存在一些堵点。为了解决这一问题，2020 年 6 月，人民银行等部门联合印发《关于进一步强化中小微企业金融服务的指导意见》（以下简称《意见》），提出推动修订商业银行法，研究修改商业银行贷款应当提供担保的规定，要求进一步对中小微企业贷款实施阶段性延期还本付息，并加大对中小微企业信用贷的支持力度，便利小微企业获得信贷。中国人民银行分支机构要用好再贷款再贴现政策，引导金融机构重点支持中小微企业、脱贫攻坚、旅游娱乐、农耕生产等行业领域。

《意见》除了从信贷支持政策、金融服务能力提升工程等七方面提出三十条措施外，还要求全国性银行要发挥好带头作用，带头提高小微企业金融支持力度，落实相关政策要求，鼓励保险机构提供针对性较强的贷款保证保险产品。《意见》中涉及担保的内容主要是围绕商业银行贷款提出的。商业银行应当对保证人的偿还能力，抵押物、质押物的权属和价值以及实现抵押权、质押权的可行性进行严格审查。经商业银行审查、评估，确认借款人资信良好，确实能偿还贷款的，可以不提供担保。

在当前环境下，上述规则或将放宽，以鼓励银行向小微企业放贷。实际上，除了近些年部分银行借助大数据、线上审批模式发放的小额信用贷款，其他小微贷款还是很在意抵押、担保的，主要是满足行内风控要求。人民银行数据显示，目前中小银行发放信用贷款的占比只有 8%左右。

除此之外，《意见》还提到，要发挥地方政府性融资担保机构作用，建立政府性融资担保考核评价体系，完善考核指标评判标准。

（2）《关于印发商业银行小微企业金融服务监管评价办法（试行）的通知》的发布

2020 年 6 月，银保监会发布《关于印发商业银行小微企业金融服务监管评价办法（试行）的通知》。总体来看，该评价办法明确了以下三方面重要内容，对商业银行服务小微企业的考核评价具有很强的引导意义。一是明确评价内容，从信贷投放情况、体制机制建设情况等五个方面设置标准化指标，其中，信贷投放所占分数最高，主要包括普惠型小微企业贷款“两增两控”、信贷资源倾斜、小微客户细分、服务覆盖面等情况。分数设置方面通过强化对“首贷户”占比的打分考核，规避大型银行从中小银行“抢”存量中小微企业贷款户的情况，体现出扩面的政策导向。二是按照法人为主、上下联动的原则建立监管评价组织机制，按年度实施评价。三是要求加强评价结果运用，充分发挥激励引导作用。此外，该评价办法还就规范融资服务收费、做好惠企纾困政策平稳衔接、深化信用信息共享机制、强化监管督导和外部环境建设等方面做出了具体安排。

自2020年新冠肺炎疫情暴发以来政策层面出台的诸多利好要逐一落实，必须通过严格的评价考核来督促，该评价办法正是督导上述政策落地的重要工具。近年来，银行业、保险业认真贯彻党中央、国务院决策部署，持续强化对小微企业的金融支持。普惠型小微企业贷款连续三年实现高速增长，截至2021年3月末，贷款余额16.81万亿元，同比增速33.87%，较各项贷款增速高21.39个百分点；有贷款余额户数2740.04万户，同比增加531.75万户。

（3）推动小微企业金融服务高质量发展

2021年4月9日，中国银保监会下发了《关于2021年进一步推动小微企业金融服务高质量发展的通知》（以下简称《通知》）。该《通知》主要着眼于强化普惠金融服务、增加小微企业和个体工商户活力，主要包括以下几个方面的内容：一是要牢牢把握高质量发展主题，进一步提升小微企业金融服务整体效能。二是要以信贷投放为抓手，通过确保对小微企业的信贷支持力度，形成有序竞争、各有侧重的信贷供给格局，合理确定小微企业贷款利率，规范融资收费，加强小微企业贷款用途监控等措施确保稳定高效的增量金融供给。三是要以支持创新为出发点，通过补齐信贷业务短板、丰富普惠保险产品业务、主动倾斜业务布局、探索完善科技型小微企业金融服务、加强产业链供应链金融创新等措施优化金融供给结构。四是要做优体制机制和专业能力，通过对照监管评价要求完善“敢贷愿贷”内部机制、细化落实不良容忍度和授信尽职免责规定、综合运用金融科技手段和信用信息资源、用好用足配套支持机制等措施以实现“敢贷愿贷、能贷会贷”。五是要多措并举盘活存量信贷资源，通过贷款期限管理、信贷资产流转、拓宽不良贷款处置渠道等措施提高金融供给效率。六是要强化监管引领监督，通过加快建设综合金融服务平台、实施分类考核督导、加强调研监测等措施以推动营造更好的外部环境。此外，《通知》还就规范融资服务收费、做好惠企纾困政策平稳衔接、深化信用信息共享机制、强化监管督导和外部环境建设等方面做出了具体安排。

显然，为了更好地推动小微企业高质量发展，金融机构将疫情防控下的措施、经验予以常态化，更好地为小微企业发展提供服务。近年来，银行业和保险业认真贯彻党中央、国务院决策部署，持续强化对小微企业的金融支持。普惠型小微企业贷款连续三年实现高速增长，截至2021年3月末，贷款余额16.81万亿元，同比增速33.87%，较各项贷款增速高21.39个百分点；

有贷款余额户数 2740.04 万户，同比增加 531.75 万户。

（4）整顿违规抬升小微企业综合融资成本行为

2020 年 11 月，中国银保监会下发了《关于部分银行保险机构助贷机构违规抬升小微企业综合融资成本典型问题的通报》，对违规抬高小微企业融资成本的现象零容忍，这是监管层对于金融扶持小微企业效果进行的持续督导。通报显示，按照国务院有关工作部署，银保监会消费者权益保护局组织开展了小微企业融资收费专项检查，对民众通过国务院“互联网+督查”平台反映的有关问题线索进行了核查，国务院办公厅督查室对有关突出问题进行了暗访督查。

督查检查发现，部分银行保险机构、助贷机构对监管规定有令不行、有禁不止，在贷款中违规收取应减免费用，强制捆绑销售，收取高额服务费和代理手续费，抬升了综合融资成本，削弱了小微企业获得感。例如，2017 年 1 月至 2019 年 10 月，工商银行江西分行、河北分行、河南分行、上海分行、江苏分行、四川分行、广西分行、辽宁分行、山东分行等 9 家分行违规向 20 户小微企业收取贷款承诺费、投融资顾问费等“两禁两限”费用 2284.87 万元。民生银行总行集团金融部和部分分支机构违规向小微企业收取贷款承诺费、银行承兑汇票敞口管理费、法人账户透支业务承诺费等“两禁两限”费用等。上述问题反映了部分所涉主体未意识到小微企业的重要性，贯彻落实国家相关政策不积极、不到位。

同时，为了深入贯彻党中央、国务院关于统筹推进新冠肺炎疫情防控和经济社会发展工作的决策部署，落实《政府工作报告》关于强化对稳企业金融支持的要求，提高金融政策的“直达性”。2020 年 6 月 1 日，中国人民银行等部门联合印发了《关于加大小微企业信用贷款支持力度的通知》，该通知着眼于通过使用 4000 亿元再贷款专用额度以创新货币政策工具的形式按照一定比例购买符合条件的地方法人银行业金融机构普惠小微信用贷款，促进银行加大对小微企业信用贷款投放，支持更多小微企业获得免抵押担保的信用贷款。该通知包括以下三个内容：一是购买普惠小微信用贷款支持政策。自 2020 年 6 月 1 日起，人民银行将通过货币政策工具按季度购买最新央行评级 1 级至 5 级的城市商业银行、农村商业银行、农村合作银行、村镇银行、农村信用社、民营银行新发放的普惠小微信用贷款，购买范围为 2020 年 3 月 1 日至 12 月 31 日期间新发放普惠小微信用贷款的 40%，贷款期限不少于 6 个月，自购买后人民银行将委托放贷银行管理，放贷银行应于购买之日起满一年按原金额返还。二是加大普惠小微信用贷款投放力度。各银行金融机构要增加对小微企业的信贷资源配置，要积极运用大数据等金融科技手段，整合内外部信用信息，提高对小微企业信用风险评价和管控水平。同时，获得支持的地方法人银行业金融机构要将政策红利让利于小微企业，着力降低信用贷款发放利率。三是强化协作，压实责任，狠抓落实。各级人民银行分支机构将协同银保监会派出机构等部门通过开展信用贷款专项行动等形式，在防范风险的同时提高辖区银行业金融机构的小微企业信用贷款服务能力。

2. 重点行业的纾困和支持

（1）促进消费金融公司和汽车金融公司发展

2020 年 12 月，银保监会发布《关于促进消费金融公司和汽车金融公司增强可持续发展能力、提升金融服务质效的通知》，从降低拨备覆盖率监管要求、鼓励开展资产收益权转让业务、支持发债几个方面放松了消费金融公司和汽车金融公司的政策约束。

扩大住房消费以外的商品消费是扩大内需的最主要路径，除供给侧发力之外，从放开消费和汽车金融公司的政策约束（拨备监管和资本补充）的需求侧进行改革，有助于提升金融机构的积极性。

（2）为演出企业、旅行社等文化和旅游领域市场主体纾困发展

2021 年 4 月 30 日，文化和旅游部联合中国人民银行、中国银行保险监督管理委员会发布了《关于抓好金融政策落实　进一步支持演出企业和旅行社等市场主体纾困发展的通知》，该通知着眼于为纾解演出企业、旅行社等文化和旅游领域市场主体面临的阶段性困难提供金融支持，主要包含以下几方面内容：一是继续推动小微企业金融服务“增量扩面、提质降本”，鼓励金融机构运用再贷款再贴现等支持政策为相关市场主体纾困，同时还鼓励各地建立应急周转资金池；二是畅通银企信息渠道，引导合理增加两类主体信用贷款；三是建立健全文化和旅游企业融资配套服务长效机制，通过提供融资增信、风险分担、贴息奖补等融资配套服务为上述主体纾困；四是支持各地文化金融服务中心发挥积极作用，通过探索设立纾困基金、首贷续贷服务中心等措施发挥应有作用；五是鼓励保险机构实施惠企措施；六是丰富文化和旅游保险产品供给；七是各地要提高政治站位，深化思想认识，结合党史学习教育将支持两类主体纾困发展作为“我为群众办实事”的具体举措，明确目标、强化措施，抓好各项工作落实，积极争取各级财政专项资金、政府性融资担保基金支持，吸引社会资本投入，鼓励开发性、政策性和商业性金融机构加大对文化和旅游领域的信贷投放力度；八是各地文化和旅游部门要联合人民银行分支机构、银保监局建立工作协调机制，加强沟通，密切合作；九是各

地要及时跟进研判政策实施效果，及时总结交流经验、反映情况。

当前，文化市场尚缺乏支持内容资源估值、流通的完善的中介体系，导致文化产业无法有效获取金融资源实现自身快速发展。同时，当经济遇到较大冲击时，文化企业因其轻资产属性，在传统信贷体系中更易被边缘化。可以看出，此次多部门联合行动、多措并举、多角度出发为文化和旅游领域市场主体纾困，通过给予贷款支持等措施为相关市场主体的发展“保驾护航”。

（3）促进可再生能源产业健康有序发展

2021 年 2 月，国家发展改革委联合财政部、中国人民银行、银保监会、国家能源局发布了《关于引导加大金融支持力度　促进风电和光伏发电等行业健康有序发展的通知》，该通知着眼于通过加大金融支持力度，解决风电和光伏发电等行业面临的现金流紧张等问题，推动行业健康有序发展，主要包括以下几方面内容：一是要充分认识风电和光伏发电等行业健康有序发展的重要意义，金融机构通过金融支持缓解可再生能源企业发展困境，既能加快生态文明建设，也能帮助我国实现 2030 年前碳达峰和努力争取 2060 年前碳中和的国际承诺；二是金融机构要按照商业化原则与可再生能源企业协商展期或续贷；三是金融机构要按照市场化、法治化原则自主发放补贴确权贷款；四是要对补贴确权贷款给予合理支持，各类银行金融机构可在依法合规的前提下向具备条件的可再生能源企业在规定的额度内发放补贴确权贷款；五是为降低银行运行风险，建立封闭还贷制度，需将补贴资金在贷款行定点开户管理；六是要通过核发绿色电力证书方式适当弥补企业分担的利息成本；七是为保证可再生能源补贴资金来源要足额征收可再生能源电价附加，各级地方政府不得随意减免或选择性征收；八是要优先发放补贴和进一步加大信贷支持力度；九是鼓励基础条件好、积极性高的地方以及资金需求特别迫切的企业先行开展试点，在已有政策的基础上进一步开拓创新；十是各银行和有关金融机构要增强责任感，帮助相关企业有效化解生产经营和金融安全风险，促进可再生能源行业健康有序发展。

3. 支持脱贫攻坚和乡村振兴

（1）过渡期脱贫人口小额信贷

2020 年 7 月 6 日，中国银保监会等部门联合印发《关于进一步完善扶贫小额信贷有关政策的通知》，该通知主要内容包括以下方面：一是明确已有的各项政策保持不变；二是将小额信贷支持范围放宽至返贫监测对象中具备产业发展条件和有劳动能力的边缘人口；三是为缓解新冠肺炎疫情的影响，进一步延长还款期限；四是要加强工作组织安排，强化细化工作安排及分工，以进一步满足扶贫小额信贷需求；五是要严把小额信贷资金风险防控关。与此同时，为了进一步加大对深度贫困地区的扶持力度，2020 年 3 月 10 日，银保监会办公厅发布《关于进一步加大“三区三州”深度贫困地区银行业保险业扶贫工作力度的通知》，该通知着眼于加大银行业保险业扶贫工作力度，助力“三区三州”深度贫困地区高质量打赢脱贫攻坚战，主要包括以下十方面内容：一是要突出工作重点，聚焦重点地区、特殊贫困群体以及重点帮扶领域，加大对建档立卡贫困户、贫困村提升工程、基础设施建设、基本公共服务等方面的支持，进一步提高银行业保险业扶贫成效；二是要明确目标任务，切实加大工作力度，银行业金融机构要持续加大信贷支持，努力实现“三区三州”深度贫困地区各项贷款平均增速高于所在省份贷款增速，力争 2020 年各深度贫困县存贷比有较大提升，尽快达到全国平均水平，保险业要实现“三区三州”深度贫困县保险机构全覆盖；三是要充分发挥监管引领作用，通过设立审批绿色通道、完善监管评价体系等措施不断完善支持政策；四是要进一步增加精准扶贫贷款投放，切实改善“三区三州”深度贫困地区生产生活条件，银行机构要增加“三区三州”深度贫困地区个人精准贷款投放，加大产业和项目精准扶贫贷款投放力度，同时也要做好深度贫困地区扶贫产业和项目筛选，做到资金早投放、项目早见效；五是要适当放宽信贷条件、努力降低融资成本，各银行机构一方面要简化信贷审批流程，提高审批效率，适当下放贷款审批权限，另一方面要按照保本微利的原则，切实降低融资成本；六是要深入推进保险扶贫，着力提供充足的风险保障，各保险机构一方面要大力发展农业保险，探索开展“农业保险+”等农业保险模式，另一方面要努力进一步降低保险费率；七是要优先在“三区三州”深度贫困地区设立银行保险分支机构，实现基础金融服务高质量全覆盖，银行保险机构要不断下沉经营重心，优先在“三区三州”深度贫困地区增设分支机构，同时也要积极探索线上经营模式；八是发挥多方合力，进一步完善扶贫信贷风险分担和补偿机制；九是要加强金融服务，积极做好疫情防控期间银行业、保险业扶贫工作，一方面要加大对新冠肺炎疫情防控的金融支持力度，通过适当延长还款期限、简化保险理赔流程等措施将疫情的影响降到最低，另一方面银行保险机构要加强科技应用，创新金融服务方式，确保基础金融服务不中断；十是要加大投入力度，深入开展银行业保险业扶贫宣传工作。

（2）服务乡村振兴

2021 年 4 月，银保监会印发《关于 2021 年银行业保险业高质量服务乡村振兴的通知》（以下简称《通知》），从八个方面提出了 2021 年银行业保险业高质量服务乡村振兴工作要求，包括优化金融服务供给体系和服务机制、强化关键领域金融产品供给、提升县域金融服务质效、加强农村信用体系建设、发挥保险保障作用、创新金融产品和服务创新、支持巩固拓展脱贫攻坚成果同乡村振兴有效衔接、加强差异化监管考核等，共涉及二十三项具体内容。

《通知》提出要进一步强化各类机构定位、服务重点，着力提升差异化竞争能力，构建层次分明、优势互补的服务体系。鼓励银行业金融机构建立服务乡村振兴的内设机构。在内部政策倾斜方面，在原有经济资本配置、内部资金转移定价、人员配备、考核激励、费用安排的基础上，鼓励银行在信贷审批流程、授信权限、产品研发方面对乡村振兴业务予以政策倾斜。

《通知》要求银行业保险业围绕中央农村工作会议确定的重点领域，加大信贷和保险服务供给。优先支持国家粮食生产，助力补齐农业农村基础设施短板，创新服务新型农业经营主体、农户和进城农民。

《通知》提出科学制订资金适配性较差县域的存贷比提升计划，提升县域信贷资金适配性，及时满足县域有效资金需求。保持农村基础金融服务基本全覆盖，优化县域和社区金融服务，满足县域客户综合化金融需求，提升特殊群体获取金融服务的便利性。《通知》提出扩大三大主粮作物完全成本和收入保险试点范围，鼓励发展地方优势特色农产品保险。积极发展面向低收入人群的普惠保险，创新商业养老保险产品，开发针对县域居民的健康险业务、定期寿险以及农村意外险等业务。

《通知》鼓励银行业、保险业加强金融科技和数字化技术在涉农金融领域的应用，提高农村地区长尾客户的授信效率，以及农险数字化、智能化经营水平。进一步拓宽涉农贷款抵（质）押物范围，建立完善农村产权抵押登记流转体系和涉农贷款风险补偿机制。

《通知》要求银行业、保险业巩固脱贫攻坚成果，在过渡期内保持帮扶政策总体稳定，将脱贫攻坚的经验做法应用于乡村振兴之中。加大对县域产业发展和国家乡村振兴重点帮扶县的政策支持力度，向脱贫户和边缘易致贫户发放利率优惠、财政适当贴息的小额信用贷款，努力完成脱贫地区信贷保险考核目标。

《通知》提出各级监管部门要推动地方政府在有条件的地区建立并完善域内涉农信用信息数据平台，开展新型农业经营主体信用建档评级工作，力争在 2023 年底基本实现信用建档评级全覆盖，授信“能授尽授”，合理用信需求得到有效满足。

《通知》明确了2021年差异化监管考核目标，力争实现同口径涉农贷款持续增长，完成普惠型涉农贷款差异化考核目标。中国农业发展银行、大中型商业银行要力争实现普惠型涉农贷款增速高于本行各项贷款平均增速的目标。各银保监局要因地制宜制定辖内法人机构普惠型涉农贷款增速考核目标。

4. 支持出口等企业

为了深入推进改革开放，贯彻党中央、国务院关于稳住外贸外资基本盘决策部署，多个部门先后下发相关通知，推动外资外贸的稳妥发展。

2020年12月，商务部联合银保监会印发了《关于贯彻国务院部署 给予重点外资企业金融支持有关工作的通知》（以下简称《通知》），《通知》着眼于加大对重点外资企业金融支持的力度。《通知》主要提出了以下内容：一是要强化金融支持稳外资作用，进一步提高金融支持政策精准性、直达性，帮助外资企业应对疫情影响，化解融资难题。二是要建立健全工作机制，强化工作联动，及时、全面了解重点外资企业融资需求及投资经营情况。三是要促进供需精准对接，各级商务部门要摸清辖区重点外资企业的相关情况，积极举办“银企对接”活动，促进供需精准对接。四是要提升金融服务质量，创新丰富金融产品，合理配置信贷资源，对符合条件的重点外资企业给予多元化、全方位金融支持。

2021年1月，人民银行联合国家发展和改革委员会、商务部、国务院国资委、银保监会、外汇管理局印发了《关于进一步优化跨境人民币政策 支持稳外贸外资的通知》（以下简称《通知》），《通知》着眼于在新经济发展格局下，进一步发挥跨境人民币业务服务实体经济、促进贸易投资便利化的作用。《通知》主要包括以下内容：一是要紧紧围绕实体经济需求，推动更高水平贸易投资人民币结算便利化，要根据商事制度改革，积极调整对业务办理及审核的要求，支持贸易新业态跨境人民币结算，并在全国范围内开展更高水平的贸易投资便利化的试点；二是要进一步简化人民币结算流程，通过优化跨境人民币业务重点监管名单形成机制等措施加快跨境人民币结算效率；三是要进一步优化跨境人民币投融资管理，通过放宽部门资本项目人民币收入使用限制、简化境内企业人民币境外放款业务管理等措施释放跨境人民币投融资活力；四是要便利个人经常项目下跨境人民币收付；五是要便利境外机构人民币银行结算账户使用。

5. 碳中和与绿色金融

2020年9月，习近平主席在联合国气候大会上宣布我国要在2030年前实现碳达峰、2060年前实现碳中和的目标。随后2020年中央经济工作会议和2021

年政府工作报告均对碳达峰、碳中和目标达成进行了部署，并提出了很多需要实现的量化目标。因此可以预见，“3060”目标的实现既是生态文明建设的主要构成部分，也是一项政治任务。考虑到在这一过程中大量的资金投入是必需的，因此碳中和及其背景下的绿色金融业务也将成为未来政策的主要着力点。

表 3-1 近年来我国围绕气候变化议题做出的相关承诺

年份	相关内容
2009 年	我国在哥本哈根举行的联合国气候变化峰会上承诺“2020 年单位 GDP 二氧化碳排放比 2005 年下降 40%~45%，非化石能源占一次能源消费比重达到 15%左右”
2015 年	我国向联合国提交了《强化应对气候变化行动——中国国家自主贡献》，确定到 2030 年的 4 项自主行动目标，即：（1）2030 年二氧化碳排放达到峰值并争取尽早达峰；（2）单位 GDP 二氧化碳排放比 2005 年下降 60%~65%；（3）非化石能源占一次性能源消费比重达 20%左右；（4）森林蓄积量比 2005 年增加 45 亿立方米左右
2020 年	我国在联合国气候大会上提出“二氧化碳排放力争于 2030 年前达到峰值，努力争取 2060 年前实现碳中和……到 2030 年，单位 GDP 二氧化碳排放将比 2005 年下降 65%以上，非化石能源占一次能源比重将达到 25%左右，森林蓄积量将比 2005 年增加 60 亿立方米，风电、太阳能发电总装机容量将达到 12 亿千瓦以上”
2021 年	《政府工作报告》提出“2021 年实现单位 GDP 能耗降低 3%左右，主要污染物排放量维持下降……‘十四五’期间，单位 GDP 能耗和二氧化碳排放分别降低 13. 5%和 18%，森林覆盖率达到 24. 1%”

围绕碳中和及绿色金融议题，各监管机构自上而下出台了包括纲领、指引、规范性文件在内的一系列政策文本，同时明确了专业引导机构。

2016 年 8 月，人民银行等部门联合发布了《关于构建绿色金融体系的指导意见》，这是全球首个由中央政府部门制定的绿色金融政策框架。该指导意见主要从绿色金融体系的目的、激励措施、制度体系构建等几方面为如何构建我国绿色金融体系提供了政策指引和导向。为推动上述指导意义落地实施，2017 年国务院先后批复浙江、江西、广东、贵州、新疆、甘肃六省（自治区）九地开展了各具特色的绿色金融改革创新实践，人民银行、发展改革委、财政部、环境保护部、银监会、证监会、保监会七部门也联合发布了各绿色金融改革创新试验区的总体方案。

2020 年 7 月，人民银行、国家发展改革委和证监会联合发布了《绿色债券支持项目目录（2020 年版）（征求意见稿）》，这是各类绿色金融工具在实践中的主要服务参考。碳中和债属于绿色债券的一种，碳中和债是指募集资金专项用于具有碳减排效益的绿色项目的债务融资工具，需满足绿色债券募集资金用途、项目评估与遴选、募集资金管理和存续期信息披露四大核心要素，属于绿色债务融资工具的子品种。

自2021年2月银行间市场首次推出碳中和债以来，仅一个多月的时间碳中和债便发行了19只（规模合计达到218亿元）。其中，银行间中票7只（合计66亿元）、交易所公司债12只（合计152亿元）。我们可以看出，虽然银行间市场率先推出，但交易所公司债却上量更快。且从目前发行的主体来看，大多为能源类国企（评级多为AAA），发行利率多在3.30%~4%。

2020年10月，生态环境部联合国家发展改革委、人民银行、银保监会、证监会印发了《关于促进应对气候变化投融资的指导意见》（以下简称《指导意见》），《指导意见》聚焦如何更好地发挥投融资对应对气候变化的支撑作用。《指导意见》主要包含以下七方面内容：一是提出了开展气候变化投融资的指导思想、基本原则和主要目标，并对气候投融资的定义和支持范围进行了界定；二是提出要加快构建气候投融资政策体系，要以环境经济政策为引导，加大金融政策支持力度，协调配合各类政策；三是要逐步完善气候投融资标准体系，加快建立、制订气候项目标准、气候信息披露标准、气候绩效评价标准等；四是鼓励和引导民间投资与外资进入气候投融资领域，充分发挥碳排放权交易机制的激励和约束作用，激发社会资本和国际资金的活力；五是要引导和支持气候投融资地方实践，逐步开展地方试点并鼓励地方开展模式和工具创新；六是要深化气候投融资国际合作；七是各地有关部门要高度重视气候投融资工作，确保各项任务及时落地见效。

另外，中央财政整合现有节能环保等专项资金设立国家绿色发展基金，该基金成立于2020年7月，由财政部、生态环境部、上海市人民政府共同发起，出资方包括财政部、长江经济带11个省份、金融机构和大型企业。

表3–2　国家绿色发展基金募集构成

<table>
<tr><th>募集主体</th><th colspan="2">募集额度（亿元）</th></tr>
<tr><td>中央财政</td><td colspan="2">100</td></tr>
<tr><td>工行、中行、建行、农行、国开行</td><td>各出资80亿元</td><td>400</td></tr>
<tr><td>交行</td><td colspan="2">75</td></tr>
<tr><td>浦发银行</td><td colspan="2">70</td></tr>
<tr><td>上海国盛集团、上海久事集团</td><td>各出资40亿元</td><td>80</td></tr>
<tr><td>上海银行</td><td colspan="2">20</td></tr>
<tr><td>国家能源集团</td><td colspan="2">15</td></tr>
</table>

续表

募集主体	募集额度（亿元）	
江苏省政府投资基金、浙江省财政厅、湖北省财政厅	各出资 12 亿元	36
贵州省财政厅、重庆市发展投资、湖南省财政厅、安徽省财政厅、四川省财政厅、云南省财政厅、江西省财政厅、上海农商行	各出资 10 亿元	80
上海电气投资	5	
中国节能环保集团	3	
龙源建设集团	1	

（三）优化间接融资供给方式

1. 延期还本付息

2020 年 3 月，银保监会同人民银行等五部门联合印发了《关于对中小微企业贷款实施临时性延期还本付息的通知》，对让利对象和有关要求做了较为细致的安排，未来类似的较为明确的措施可继续出台。2020 年 6 月，相关部门再度联合发布通知，将政策还本付息日期延后。结合两次通知，银行对于 2020 年 1 月 25 日至 12 月 31 日期间到期的普惠小微贷款，按照“应延尽延”要求，实施阶段性延期还本付息，还本付息日期最长可延至 2021 年 3 月 31 日。

两份通知聚焦一个事项，显然表明决策层落实扶持实体——尤其是扶持小微企业相关政策的决心。与 3 月发布的通知相比，6 月发布的通知进一步延后了还本付息日期，并要求金融机构做出应延尽延的安排，显示了非常时期的非常举措。

鉴于疫情下小微企业经营复苏尚需时日，秉持上述通知精神，2020 年 12 月 21 日，国务院决定将相关支持等政策延长至 2021 年底，即 2021 年第一季度“要继续落实好原定的普惠小微企业贷款延期还本付息政策，在此基础上适当延长政策期限……对办理贷款延期还本付息且期限不少于 6 个月的地方法人银行，继续按贷款本金 1%给予激励……将普惠小微企业信用贷款支持计划实施期限由今年年底适当延长。对符合条件的地方法人银行发放普惠小微企业信用贷款，继续按贷款本金 40%给予优惠资金支持。实施好和适当延长上述直达货币政策工具”。

为贯彻国务院常务会议精神，2020 年 12 月 31 日人民银行、银保监会、财政部、国家发展改革委与工信部联合发布《关于继续实施普惠小微企业贷款延期还本付息政策和普惠小微企业信用贷款支持政策有关事宜的通知》，具体包括以下两个方面内容：一是继续实施并延长普惠小微企业贷款延期还本付息政策，按市场化原则“应延尽延”，具体由银行和企业自主确定；二是继续实施并延长普惠小微企业信用贷款支持政策，人民银行将通过货币政策工具继续给予有关银行金融机构优惠资金支持。除此之外，各地相关部门要强化政策传导，狠抓贯彻落实。2021 年 4 月，上述五个部门又对上述内容进行了更新，在此基础上出台了《关于进一步延长普惠小微企业贷款延期还本付息政策和信用贷款支持政策实施期限有关事宜的通知》。

为了更好地纾解中小微企业发展困难，推动企业有序复工复产，提高金融服务的针对性和有效性，2020 年 3 月，银保监会、人民银行、国家发展改革委、工业和信息化部、财政部联合发布《关于对中小微企业贷款实施临时性延期还本付息的通知》（以下简称《通知》），旨在缓解中小微企业的还款压力。《通知》主要包括以下内容：一是对贷款到期本金、贷款利息支付、企业新增融资及湖北特殊地区特殊政策等事项进行了安排；二是各类金融机构应通过各种方式做好需求对接，明确支持重点，并有效防范风险。为了确保政策的连续性，2020 年 6 月 1 日，人民银行等部门联合下发《关于进一步对中小微企业贷款实施阶段性延期还本付息的通知》。该通知主要包括以下三方面内容：一是明确了政策适用范围及主体；二是关于普惠小微贷款到期本金、应付利息支付安排。各银行业金融机构要结合实际情况、款项到期日期、企业基本情况等给予一定的优惠政策，具体由双方自主协商、确定；三是为充分调动地方法人银行的积极性，人民银行会同财政部通过特殊目的工具，对地方法人银行给予其办理的延期还本普惠小微贷款本金的 1%作为激励。

2. 供应链及产业链

2020 年 3 月，银保监会下发了《关于加强产业链协同复工复产金融服务的通知》。该通知主要包括六方面内容：一是银行业金融机构要通过强化产业链核心企业金融服务、提高核心企业信贷资金向上游企业的支付效率、支持核心企业为下游企业提供延期付款便利、强化核心企业信用约束等措施加大支持力度；二是要优化产业链上下游企业金融服务，银行业金融机构要在优化供应链融资业务办理流程的同时，加大对核心企业上下游企业的信贷支持力度，尤其是疫情防控期间的支持力度；三是提高金融机构服务全球产业链的能力，鼓励银行业金融机构完善跨境服务网络、保险机构拓宽短期出口信用保险覆盖面；四是要提升产业链金融服务科技水平；五是要完善考核激励和风险控制，既要鼓励各金融机构对相关企业予以差异化安排，又要严把“准入关”；六是要加大保险和担保服务支持力度。鼓励保险及政策性担保机构拓宽增信服务覆盖面，为企业融资提高多样化的增信方式。同时，各保险公司可在风险可控的前提下，结合实际，延长保单质押贷款期限，停运的营运车辆、船舶、飞机的保险期限等。

2020 年 9 月，中国人民银行等八部门联合发布《关于规范发展供应链金融 支持供应链产业链稳定循环和优化升级的意见》，该意见在准确把握供应链金融内涵及发展方向的基础上，提出了六方面 23 条政策要求和措施。该意见明确供应链金融与各市场主体之间要加强合作，提高供应链运行效率，促进产业良性循环。该意见主要从加强金融机构与实体企业信息共享和协同、提升应收账款标准化和透明度两方面入手，就支持供应链产业链稳定循环和优化提升提出了要求。特别提出对供应链大型企业应当严格支付纪律和账款确权，不得挤占中小微企业利益。2021 年 3 月发布的《中华人民共和国国民经济和社会发展第十四个五年规划和 2035 年远景目标纲要》中也明确提出要“聚焦提高要素配置效率，推动供应链金融、信息数据、人力资源等服务创新发展”，这意味着供应链金融已上升为国家战略，其对于解决中小微企业融资问题和在金融脱实向虚等方面的作用得到了国家层面的认可和支持。相信未来政府将更加重视供应链金融的创新，以促进供应链产业链的完整和稳定。

（四）推动直接融资发展

储蓄转变为投资的机制就是资本形成的机制，只有当储蓄转变为有效投资时，才能给经济增长提供资本支持。从资本形成的方式来看主要有两种：一种是以股票、债券、基金为载体，借助直接融资方式，实现储蓄向投资的转化；另一种是以银行信贷为载体，通过间接融资方式，实现储蓄向投资的转化。我国间接融资渠道是畅通的。过去十年，我国累计投放的企业贷款规模 114 万亿元，占整个社融总规模的 62%，有效地支持了我国实体经济的发展。但是带来了以下两大问题：第一，社会负债持续攀升，到 2019 年底，在过去三年持续降杠杆的背景下，我国非金融企业部门的杠杆率仍然高达 149%，持续攀升的债务规模增加了我国经济体系的脆弱性，积聚了系统风险的隐患。第二，我国直接融资的渠道不畅，二十年来直接融资比例一直无法得到有效提升，居民储蓄转为资本的渠道更加不畅，不缺资金、缺资本的问题始终没有得到解决。

1. 推进债券市场发展

近年来，债券市场发展势头良好，已成为我国金融市场体系中最为开放、最具活力的部分，在提升直接融资比重、提高市场资源配置效率、服务实体经济方面发挥了重要作用。同时，由于我国债券市场发展历史较短、发展步伐较快，部分基本法律尚未充分考虑债券的特征，债券市场法律体系的系统性和完备性相对不足，需要加快推动补齐法治短板。

“十四五”规划要求扩大直接融资比重，我国将形成一个巨大的直接融资市场，这一市场需要个股、股指、利率、汇率、信用类期货期权等场内外衍生工具进行风险对冲，完成风险管理。当前，我国金融期货期权市场还处在发展初期，远远不能满足市场参与者日益增加的风险管理需求，也远远不能适应我国实体经济发展和金融改革创新的新形势和新要求，有必要适度加快发展我国金融衍生品市场。

因此支持直接融资发展，引导理财、信托、保险以及境外资金等为资本市场提供长期稳定资金支持，为实体经济发展提供更多的直接融资。如发展有直接融资特点的资金信托、优化保险公司权益类资产配置安排（为直接融资提供稳定的中长期资金来源）以及推动银行理财积极参与直接融资体系建设等。

加大对直接融资的支持力度是目前及未来较长时期内最为明确的政策导向，这意味着后续作为间接融资主要力量的银行体系势必将会在优质客户的争夺上面临金融脱媒所带来的持续压力。这在政策层面上有诸多表现：（1）2020 年以来相继推出标准化票据、公募 REITs、短期公司债、新型证券公司次级债、资产支持商业票据等多种创新型标准化资产。（2）大力支持信用债券融资，政策层面还放松了县域新型城镇化建设专项企业债券、短融、超短融、中票以及券商次级债等部分债券品种的发行要求。（3）2020 年 4 月在相继发布《关于推进基础设施领域不动产投资信托基金（REITs）试点相关工作的通知》和《公开募集基础设施证券投资基金指引（试行）（征求意见稿）》的基础上，2020 年 8 月证监会正式发布《公开募集基础设施证券投资基金指引（试行）》。因此，支持直接融资发展，引导理财、信托、保险以及境外资金等为资本市场提供长期稳定资金支持，为实体经济发展提供更多的直接融资。如发展有直接融资特点的资金信托、优化保险公司权益类资产配置安排（为直接融资提供稳定的中长期资金来源）以及推动银行理财积极参与直接融资体系建设等。

2. 丰富直接融资工具

2020 年 3 月，银保监会副主席周亮在国务院新闻办举行的发布会上首次明确提到，将适当增设理财子公司，建立完善养老保障第三支柱，支持直接融资，促进中国资本市场长期健康发展。

加大对直接融资的支持力度是目前及未来较长时期内最为明确的政策导向，这意味着后续作为间接融资主要力量的银行体系势必会在优质客户的争夺上面临金融脱媒所带来的持续压力。从顶层设计上看，已有如下诸多表现。

首先，2020 年以来相继推出标准化票据、公募 REITs、短期公司债、新型证券公司次级债、资产支持商业票据等多种创新型标准化资产，为金融服务实体经济提供了更多工具和手段。

其次，加快推荐相关重点领域内的试点工作。2020 年 4 月，中国证监会联合国家发展改革委发布《关于推进基础设施领域不动产投资信托基金（REITs）试点相关工作的通知》，该通知旨在深化金融供给侧结构性改革，进一步创新投融资机制，促进基础设施高质量发展。该通知主要包括以下四方面内容：一是各主体要在充分认识推进基础设施 REITs 试点的重要意义的基础上，充分发挥其盘活资产、促进良性循环的作用。二是推进试点工作要遵循以下六个原则：（1）符合国家政策，聚集优质资产。（2）遵循市场原则，坚持权益导向。（3）创新规范并举，提升运营能力。（4）规则先行，稳妥开展试点。（5）强化机构主体责任，推动责任归位。（6）完善相关政策，有效防控风险。三是推行试点工作要遵守以下工作要求：（1）聚焦京津冀、长江经济带、雄安新区等重点区域。（2）聚焦基础设施短板等重点行业。（3）聚焦项目权属清晰、具有成熟的经营模式及市场化运营能力等特征的优质项目。四是试点工作的具体安排，主要包括注册、推荐、审批等各个流程。

最后，中国证监会还向社会发布了《公开募集基础设施证券投资基金指引（试行）（征求意见稿）》及修改说明。其主要包括以下内容：一是明确产品定义与结构。公开募集基础设施证券投资基金（简称基础设施基金）是指，80%以上基金资产投资于单一基础设施资产支持证券，通过资产支持证券和项目公司等特殊目的载体穿透取得基础设施项目完全所有权或特许经营权，同时积极运营管理基础设施项目以获取稳定现金流，并将 90%以上可供分配利润按要求分配给投资者的封闭式基金产品。二是明确管理人与托管人等机构主体的专业胜任要求，发挥专业机构作用，严控质量关。三是明确基金份额发售方式，借鉴境外成熟市场经验，采取网下询价的方式确定份额认购价格，公众投资者以询价确定的认购价格参与基金份额认购。四是规范基金投资管理与项目运营管理，明确基础设施基金投资运作、关联交易管理、收益分配、估值计价和信息披露等要求，坚持“以信息披露为中心”，确保信息公开透明，压实基金管理人责任，谨慎勤勉专业履行基础设施项目运营管理职责。五是强化监督管理。强化中国证监会对基金管理人、托管人及相关专业机构的监督管理职责，并明确了沪深证券交易所、行业协会的自律管理要求。经过公开征求修改意见后，2020 年 8 月证监会正式发布《公开募集基础设施证券投资基金指引（试行）》，着眼于基础设施融资模式的革命性变化。2021 年 4 月，上交所、深交所正式接收首批基础设施公募 REITs 项目申报，标志着基础设施融资模式改变“箭在弦上”。

2020 年 9 月，银保监会出台《银行保险机构应对突发事件金融服务管理办法》（以下简称《办法》），《办法》就银行保险机构在突发事件下提供金融服务做出相关安排，这是国内第一次对突发事件下金融服务的提供进行相关规定，填补了国内相关领域的制度空白。显然，《办法》的出台直接受到 2020 年 1 月新冠肺炎疫情影响的警示，同时，也是中国对如何实现现行全球背景下金融机构服务持续性的积极回应。通常而言，突发事件下的极端情形中，经济的下行会造成借款人不能及时回款，同时，银行机构因借款用户贷款未及时偿还，无法继续为其提供信贷支持，最终造成店铺倒闭、业绩下滑、生活得不到有效保障等问题频频浮出。此时出台的《办法》为中国金融业如何提高自身应急应变能力提供了指引。

《办法》主要内容如下：一是明确突发事件定义、应对基本原则和组织管理制度安排；二是对如何兼顾突发背景下基本金融服务与金融支持措施提出了具体要求，各银行机构要通过创新服务手段及方式确保金融服务不中断，各保险机构要开发相应的保险产品，发挥已有的风险防范作用；三是各市场主体要守住风险底线，监管部门要实时、有针对性地调整监管方式及要求；四是允许银保监会针对发生事件调整监管指标，禁止各金融机构借机为自身谋利。

为了做好银行业金融机构信贷资产证券化信息登记改革工作，中国银保监会于 2020 年 9 月 30 日发布了《关于银行业金融机构信贷资产证券化信息登记有关事项的通知》，决定不再对信贷资产证券化产品备案登记，自 2020 年 11 月 13 日起开始实施信贷资产证券化信息登记。

（五）增加金融服务便利性

1. 保障老年人金融服务的便利性

2020 年 11 月，国务院办公厅印发《关于切实解决老年人运用智能技术困难实施方案的通知》。该通知主要是解决老年人面临的“数字鸿沟”的问题，提出了要继续保留传统金融服务方式、创新开发适老性较强的各项手机App、保留老年人高频消费场所中的线下支付等各项措施。

2. 便利抵押登记

（1）便利动产抵押登记

2020 年 12 月，国务院印发了《关于实施动产和权利担保统一登记的决定》（以下简称《决定》），为进一步细化和落实《民法典》和《优化营商环境条例》，2020 年 12 月，人民银行与国家市场监督管理总局联合发布公告，明确自 2021 年 1 月起，在全国范围内将生产设备、原材料、半成品、产品抵押，以及应收账款质押等七大类动产和权利担保纳入统一登记范围，由当事人通过中国人民银行征信中心动产融资统一登记公示系统自主办理登记，国家市场监督管理总局不再承担“管理动产抵押物登记”职责。

《决定》一是明确了人民银行为全国范围内实施动产和权利担保统一登记的机构，国家市场监督管理总局不再承担相应职责；二是明确了纳入动产和权利担保统一登记范围的担保类型；三是明确了人民银行征信中心在动产融资统一登记公示系统登记办理中的作用。

过去十几年里，国内多个政府部门通过出台各项政策，推动动产融资的发展。2007 年 10 月，《物权法》扩大了担保品的范围，明确了应收账款也可以质押，从法律上扫清了动产作为融资担保品的法律障碍，但全国统一的动产登记系统一直未能建立。目前，国内的动产融资规模每年发生额在 20 万亿元以上，涉及的动产登记包括人民银行征信中心动产融资中心登记的应收账款质押登记、国家市场监督管理总局的存货和设备抵押登记、知识产权局的知识产权登记。2011 年、2013 年相继爆发的上海钢贸和青岛港风险事件，其中一个主要原因就是缺乏统一的全国性的存货或仓单登记平台，导致银行很难核实存货或仓单是否重复抵押。

国内的中小企业 70%左右的资产为应收账款和存货，生产规模不断扩大时比例更高，但商业银行贷款 70%左右要求提供不动产担保物。2011 年，世界银行集团国际金融公司与中国人民银行共同开展的一项调研结果显示，应收账款担保贷款平均违约率为 0. 45%，存货担保贷款平均违约率为 0. 6%，远远低于不动产贷款、纯信用贷款的平均违约率。将国家市场监督管理总局承担的存货登记纳入动产和权利担保统一登记范围，并由人民银行统一登记，这是动产融资领域历史性的进步，将进一步便利中小企业融资。

《决定》是为深入贯彻落实党中央、国务院关于推进诚信建设的要求，认真落实《优化营商环境条例》等相关规定的产物，有助于进一步明确信用信息范围，依法依规实施失信惩戒，完善失信主体信用修复机制，提高社会信用体系建设法治化、规范化水平。

（2）便利不动产登记

2020年5月，自然资源部等部门联合印发《关于协同推进“互联网+不动产登记”方便企业和群众办事的意见》（以下简称《意见》），《意见》旨在便利不动产登记手续，进一步优化营商环境。《意见》主要包括以下九方面内容：一是要加快建立集成统一的网上“一窗受理”平台。在全面实施不动产登记、交易和缴税“一窗受理、并行办理”的基础上，推动“互联网+不动产登记”向更高层级发展，尽快建立集成统一的网上“一窗受理”平台，线上线下要在同平台、同标准的基础上实现融合衔接，科学配比线上线下人员，提供全方位服务。力争全国所有市县尽快实现“一窗受理、并行办理”全覆盖，并加快推进线上线下集成统一的“一窗受理”平台。二是要大力推进网上受理审核。利用网上“一窗受理”平台，加快推进不动产登记、申报纳税等网上受理审核。各地要通过多渠道提高线上办理便利程度，并逐步实现全域通办、就近能办、异地可办。全国地级及以上城市和具备条件的县市尽快全面实施“互联网+不动产登记”。三是要推广使用电子证照及电子材料。按照法律法规规定，电子不动产登记证书证明与纸质不动产登记证书证明具有同等法律效力，各地要积极推广应用。各地可视自身条件采用电子证明、自助打印、邮寄等方式，方便企业群众不见面办理。四是要进一步提升登记簿和传输数据质量。一方面，要规范登记簿行为，严格按要求填写登记簿，不得随意填报或擅自减少数据项内容。充分运用信息化手段辅助登记簿的填写、审核和校验工作，确保登记簿内容全面、准确，不重、不漏。另一方面，要全面提高各级信息平台接入质量，确保做到在登记簿环节通过系统自动上传数据，严禁人工上传；将登记业务类型和数量归集到登记簿日志，并通过系统当天定时自动上报；利用国家级信息平台接入监管系统，监测本地接入情况，及时解决异常问题。五是要深化应用不动产单元代码。健全地籍调查工作机制，建设项目用地预审与规划选址、农转用审批、建设用地规划许可、土地供应、建设工程规划许可、确权登记等土地、规划管理各环节要规范开展地籍调查，统一调查名目、地物标识、技术标准、成果管理和数据入库，确保调查作业协同衔接、地籍成果共享沿用。对土地、房屋等不动产开展首次地籍调查后，界址、权属、用途没有发生变化的，调查成果应一直沿用，避免重复作业。按照《不动产单元设定与代码编制规则》要求，在宗地、房地一体不动产单元新设或变更时，编制统一的不动产单元代码，建立不动产单元表。不动产单元代码要在建设用地规划许可证、土地有偿使用合同（划拨决定书）、建设工程规划许可证等材料中予以记载，用不动产单元代码关联起不动产交易、征税、登记等各项业务，实现“一码关联”，确保业务环节前后衔接一致、真实准确，便利共享查询追溯。六是要加强登记纳税衔接。各地不动产登记机构和税务部门要加强工作协同，深化部门信息共享，实现登记纳税有机衔接。不动产首次登记、转移登记和涉及的相关税收等全部作为“一件事”实现“一窗受理、并行办理”。七是要深化登记金融协同。继续推进不动产登记向银行业金融机构延伸服务网点并深化服务内容。八是要全面实施预告登记。落实预告登记制度，要不断延伸预告登记的端口，通过简化流程等措施提高预告登记的可操作性，充分为维护购房人合法权益、防范化解金融风险服务。九是要不断延伸拓展登记信息网上查询服务。不动产登记机构，积极提供优质的不动产登记信息查询服务，降低交易主体的交易风险，避免强制核验，同时要加强与公安、税务等相关部门的信息互联互通。积极支撑房地产市场调控，为与人民日常生活相关的各项事项提供便利。

（3）动产抵押登记有关安排

为进一步提高动产和权利担保融资效率，优化营商环境，推动落实动产和权利担保相关登记工作，2020 年 12 月，中国人民银行联合国家市场监督管理总局发布了《关于生产设备、原材料、半成品、产品等四类动产抵押登记有关过渡安排公告》（以下简称《公告》）。《公告》主要包含以下四方面内容：一是总体安排。自 2021 年 1 月 1 日至 2022 年 12 月 31 日设立两年的过渡期，由人民银行征信中心承担四类动产抵押的登记工作，当事人应按照已发布的规定自主办理涉及四类动产抵押的登记和查询。二是登记。当事人应按照本公告登记规则自主办理新增登记、变更登记及补录登记等，当事人应在统一登记系统内办理，市场监督管理部门不再提供登记服务。三是查询。当事人应按照本公告登记规则前往统一登记系统自主办理新增登记查询、历史登记查询及过渡期满后查询。四是同历史登记数据处理方案相关的内容。

3. 简化提取已故存款人小额存款

2021 年 1 月，银保监会联合人民银行印发了《关于简化提取已故存款人小额存款相关事宜的通知》，该通知进一步简化了提取已故存款人小额存款的程序，该通知将原有审核程序简化为仅由银行审查，对于银行账户在 1 万元以内（鼓励金融机构在 5 万元内自行调整）的，提取人申请提取时无须再提供继承公证书。

4. 保障农民工工资发放

2020 年 4 月，银保监会办公厅发布《关于做好农民工工资支付保函相关工作的通知》，提出发挥市场化担保机制作用，推动银行业金融机构稳妥有序开展农民工工资支付保函业务，切实保障农民工合法权益。《通知》表示，银行业金融机构要加强风险防控体系建设，严格执行相关监管和内部管理制度要求，不断完善保函业务全流程风险管理，有效开展风险评估，视情况选取风险缓释工具，切实做到风险可控。农民工工资支付保函应当对担保金额、担保期限、付款义务等事项做出明确约定。付款请求符合条件的，银行业金融机构应当依法按时、足额付款，不得无故拖延、拒绝付款。受疫情影响，2020 年是实体经济十分艰难的一年，在对市场主体特别是小微企业做出特殊安排的同时，监管层预见到农民工工资被拖欠的可能性，而商业银行保函业务的推广无疑为解决拖欠农民工薪资的行为发挥了重要作用。《通知》遵循商务合同基本逻辑，只要商务合同本身符合法律规定，则无条件向商务合同订立双方中的弱势一方付款。相应地，商业银行凭借自身在资金流中的中枢作用，再向强势一方索要资金。可以说，商业银行保函业务是发挥市场手段弥补劳动力市场监管体系的力作。

为了贯彻落实上述条例的要求，维护农民工工资报酬权益，2020 年 12 月，最高人民法院联合多部门发布了《关于做好防止农民工工资专用账户资金和工资保证金被查封、冻结或者划拨有关工作的通知》，要求人民法院在查封、冻结或者划拨相关单位银行账户资金时，应当严格审查账户类型，除法律另有专门规定外，不得因支付为本项目提供劳动的农民工工资之外的原因查封、冻结或者划拨两类账户资金。银行业金融机构要在特殊标记两类账户的基础上，向人民法院进行及时提示，并将有关情况报告相关监管部门，对于两类账户中的超额资金，人民法院可以依法查封、冻结。

二、进一步深化改革可关注的重点问题

1. 金融支持政策的可持续性

金融机构向实体经济让利，值得做进一步的结构性观察。

一方面，商业银行和保险类金融机构作为与实体经济各环节结合最紧密的金融机构，在向实体经济让利过程中一马当先。特别是商业银行作为传统间接融资模式下的枢纽型金融机构和普惠金融的主要推动者，让利规模更大。但是，对于信托公司、证券公司、基金公司、担保公司等其他金融、类金融

机构而言，“让利”甚至无从着手。而从从业人员收入数据来看，银行类金融机构由于网点众多且承担普惠金融服务，从业人员的收入水平在上述金融机构中最低。从金融服务实体经济角度要求金融机构向实体经济让利完全必要，但现有业务流下仅能对银行类金融机构施加硬约束，而对其他几类金融机构无从约束，容易造成甚至加剧金融体系内部的非均衡性。

另一方面，银行持续让利实体经济，不可避免地会影响银行类金融机构的资本充足率，从而引发资本补充问题。恰恰因为上文提及的非均衡性，导致银行类金融机构让利居前，银行在进行资本补充过程中，又会面向社会吸收资本，而作为二级资本债买方的大多为境内外机构，其中，境内机构的资金，绝大多数仍来自财政——其最终来源仍为纳税人的税收。因此，如果不考虑“让利”的结构性问题，而一味关注“让利”规模，则无助于建立良性、可持续的金融支持实体经济的长效机制。认可这一思路后，如何激活银行以外的其他金融机构在“让利”中的作用，应当成为下一步我们认真思考的政策问题。

2. 金融支持小微企业固然重要，更要关注小微企业自身的成长

国内小微企业融资难问题源于其可担保抵押物稀薄或本身处于行业初创期，因而面临资金市场价格歧视，难以获得足额授信。应该说，2020 年以来，国家针对小微企业的扶持，既出台了包括要求金融机构延期还本付息在内的总量上的政策，又出台了便利市场主体抵押登记在内的一系列结构化改善的举措，极大地促进了小微企业融资环境的改善。然而，从更宏大的视域来看，便利市场主体抵押登记等举措的实施，虽然落脚在改善其融资环境上，但却能够根本性地建立有利于中小企业参与公平竞争和发展的市场环境，使之获得更为充分的初始发展禀赋。未来，在总量政策以外，应当更多地提供结构性政策，改善小微企业经营中所面临的诸多不公平问题，同时客观地看待小微企业质地参差不齐，行业千差万别，众多小微企业难以完整经历企业生命周期的情况也是客观现实，这意味着，大规模扶持，可能会导致呆坏账的大量出现。因此，在总量上加大对小微企业的金融支持固然重要，但更要关注小微企业自身的成长，按照一般国民待遇，为其建立公平准入、完备征信等在内的一整套机制。避免大规模扶持为未来造成金融风险隐患。

3. LPR 弹性不足

主要经济体的经验告诉我们，LPR 并非贷款端利率市场化的终点。从主要经济体的 LPR 运用情况来看，我们至少可以观察到以下几个结论。一是

LPR 本身并非是贷款利率市场化的终点，而只是过渡阶段，其真正目的在于引导金融机构打破贷款利率下限；二是 LPR 存在的必要性在于资本市场发展并不完善，即实体企业很难从资本市场得到充分合理的融资，因此 LPR 虽然只是过渡，但却会存在较长时间；三是美国、日本等经济体的 LPR 报价经过不断完善后，运用范围却逐渐收窄，最终主要实践于中小微企业、零售贷款等领域，而这些恰恰是无法从资本市场得到融资的群体，这也从另一个侧面解释了结论二中提及的长期性。

未来，在不断深化 LPR 改革的过程中，应围绕主要经济体 LPR 运用所呈现出的上述特点，制定科学、妥善的实施路径。

4. 居民杠杆率处于较高水平，财富分化明显

2021 年 4 月，中国人民银行调查统计司司长阮健弘在人民银行 2021 年第一季度金融统计数据新闻发布会上表示，2020 年我国的宏观杠杆率 279.4%，比 2019 年上升了 23.5 个百分点。分部门来看，居民、政府和企业三个部门的杠杆率分别为 72.5%、45.7%和 161.2%，分别比 2019 年上升了 7.4 个、7.1 个和 9.1 个百分点。我国居民杠杆率上升主要源自房贷、消费贷、信用卡透支增长，但有一部分实际上是个体工商户经营性贷款，对此要客观甄别、合理评估。2011 年以来，我国居民部门杠杆率持续走高，2011 年末至 2020 年末的上升幅度超过 44 个百分点，居民债务继续扩张的空间已非常有限，相关风险值得关注。

人民银行发布的《2020 年支付体系运行总体情况》显示，银行卡消费业务 1776.05 亿笔，同比增长 11.85%，金额 116.66 万亿元，同比下降 0.42%。银行卡卡均消费金额为 1.30 万元，同比下降 6.38%；银行卡笔均消费金额为 656.85 元，同比下降 10.97%。信用卡逾期半年未偿信贷总额 10838.64 亿元，占信用卡应偿信贷余额的 1.06%。消费需求收缩、收入下降等不利因素影响，银行卡消费金额呈现下降态势。

居民杠杆率的高企中，依然应当关注结构性特征。实际上，2020 年以来，疫情下的消费趋势揭示，我国 30%的富裕人口消费并未受到疫情冲击，另有 40%左右的人口消费则受疫情冲击较大，他们主要是中小民营企业家、自由职业者等，也是我国潜在的中产阶层。财富分化在疫情影响下更加明显，显示 30%的富裕人群的资产增值并不依赖实体经济的发展。而 40%的潜在中产的财富增值则与经济增长正相关。这一结论意味着，托起经济发展的基底，是为 40%的潜在中产巩固中产地位，进而避免整个国家滑入中等收入陷阱提供支撑。从宏观分配上看，抑制财富进一步分化，房地产税等针对

存量财富保有的税收无疑值得期待。

5. 加快金融业对数据资产、创意资产配之的支持与服务

经过多年积累，我国已经步入数字经济时代，数据资产已正式被认定为生产要素之一。2020 年，《中共中央 国务院关于构建更加完善的要素市场化配置体制机制的意见》进一步提出加快完善数据要素市场化配置的问题。

随着大数据、云计算和人工智能等新一代信息技术的快速发展，数据已成为数字时代的基础性战略资源和革命性关键要素。产业数字化，数字产业化在各领域中风起云涌。立足新发展阶段、贯彻新发展理念、构建新发展格局，加快完善数据要素市场化配置，是推动数字化高质量安全发展的必由之路。但是，当前数据要素的市场化配置还存在以下三个方面问题。一是数据资产地位在法律层面尚未正式确立，数据没有法定的资产身份，这对数据要素市场的发展形成了制约。由于不能被作为法定资产，数据的资产价值无法体现在会计报表上。由于国家没有涉及数据权属问题的法律法规，现实中关于数据怎么确权争议很大，因为数据资源参与的主体多、权利关系复杂，在现有框架下难以有效解决复杂的数据确权问题。二是存在数据资源的垄断现象。现实中的数据质量往往参差不齐，标准化数据采集难度大、成本高，数据市场存在的壁垒导致数据市场垄断现象，这不利于数据进行共享。三是数据流通交易与隐私保护之间的矛盾日益突出，涉及数据存储管理风险、信息泄露风险等的安全问题频频爆发。解决好上述问题，构建起金融体系对数据资产、创意资产估值、流通、交换的支持，是未来金融体系进一步深化改革必须解决的一个重大问题。

三、改革展望

1. 供应链金融可成为惠及实体、支持小微、疏导互联网平台企业金融业务的重要节点性举措

目前，各平台企业同其他市场主体尤其是中小微企业的联系日益密切，其掌握市场主体部分的经营及交易数据。同时，平台企业大多数有自己的金融业务单元，在简化传统流程，提升效率的基础上也能更加快速、便捷地实现风险预警与风险处置。当前，国家针对互联网平台企业垄断地位、信息安全的治理不断深入，在以金融控股公司开展风险加总监管的同时，引导上述平台企业发挥既有数据资源优势，进入供应链金融领域，使金融对实体经济的服务真正下沉到生产体系的毛细血管层级，不失为一条可供选择的

路径。

因此，政府可以引导和利用产业平台资源为广大中小微企业进行金融纾困。未来，在以供应链金融为纽带扶持中小企业方面，要借鉴国家创新引导基金筛选和孵化创新产业的思路。

2. 提高金融服务新发展格局的能力

加快形成以国内大循环为主体、国内国际双循环相互促进的新发展格局，是我国着眼于实现第一个百年奋斗目标之后乘势而上开启全面建设社会主义现代化国家新征程做出的战略布局，为金融工作提供了基本遵循，指明了前进方向。而新发展格局包含了加快激活内需、补齐供应链产业链短板、提高市场要素自由流动等各方面的内容，金融服务工作要根据经济发展新格局的内在要求及新发展格局下供给体系、需求体系的新变化、新特点，不断健全完善具有普惠性的现代金融体系，提高金融服务新发展格局的能力，具体可以从以下几个方面发力：一是要服务好供给侧结构性改革主线。金融体系要积极服务供给侧结构性改革，支持传统制造业升级、先进制造业发展和优秀科创企业成长壮大，提高中长期融资和信用贷款比重。以信息链带动资金链，推动服务业加快恢复发展。加大绿色信贷投放，积极培育新动能。落实金融开放政策措施，做好“一带一路”金融服务。用好数据资源要素，通过金融科技赋能，不断提高金融服务实体经济的精准性和直达性。二是要服务好扩大内需战略基点。超大规模市场优势和内需潜力是加快形成新发展格局的重要基础，必须牢牢把握扩大内需这一战略基点，促进需求体系持续升级。金融体系要贯彻好逆周期调节政策，安排好投融资总量、投向、节奏、价格，更好地发挥金融在扩大最终消费、推动消费升级方面的积极作用。综合运用贷款、债券、债转股等多种工具，全力保障新型基础设施建设项目、国家重大战略项目融资需求。通过优化重大区域发展战略金融服务，推动城市群、都市圈一体化发展，满足新型城镇化投资和消费需求。坚决助力打赢脱贫攻坚战，做好产业扶贫、消费扶贫、教育扶贫、健康扶贫的综合文章。三是要服务好保护好市场主体。习近平总书记指出，市场主体是经济的力量载体，保市场主体就是保社会生产力。金融体系要扎实服务好“六稳”“六保”工作，助力保护和激发市场主体活力，推动其实现更大发展；突出对制造业、一般服务业尤其是中小微企业的金融支持，力促核心企业不断链、上下游企业不断流，维护和提升我国产业链供应链的稳定性和竞争力；落实好延期还本付息等政策，推动普惠金融增量、扩面、提质、降本，更好地支持个体工商户发展；积极完善统一征信平台，助力打造市场化、法治化、国际化的营商环境。

3. 绿色金融大有可为

绿色金融既是推动实现碳达峰、碳中和，促进绿色低碳发展的重要力量，通过 ESG 投资体系，绿色发展理念又进一步与完善公司治理、履行社会责任一道，成为金融机构妥善应对转型风险的有效方式。在未来一段时间内，绿色金融大有可为，大有作为。从金融监管角度出发，未来要进一步引导绿色金融蓬勃发展，有以下几方面着力点。一是要完善绿色金融标准体系。要根据国内环境及国际经济对已出台的《绿色债券支持项目目录》进行动态调整，根据"需求导向，急用先行"的原则，制定新一批绿色金融标准清单。推动成熟标准在试验区先行先试。深度参与 ISO/TC322 项下的可持续金融标准研究工作，持续推进中欧绿色金融标准趋同。二是要创新产品服务，丰富直达实体的多层次绿色金融市场体系。创新发展绿色资产证券化、绿色资产支持票据等产品。研究推动绿色金融资产跨境交易，提高国内绿色金融产品流动性。创新发展数字绿色金融，加强数字技术和金融科技在环境信息披露和共享等方面的应用，降低金融机构与绿色主体之间的信息不对称性。创新碳金融产品工具，丰富碳市场参与主体，完善碳金融基础设施，健全法律法规和监管，通过碳市场的合理定价，推动资源有效配置和经济绿色低碳发展。鼓励地方政府、相关企业和金融机构出资设立低碳转型基金。丰富绿色保险产品，鼓励保险资金投资绿色领域。三是要鼓励金融机构积极应对气候挑战。要尽快出台政策文件指导金融机构测算项目的碳排放量，评估项目的气候、环境风险；同时，要尽快研究评价金融机构开展绿色信贷、绿色债券等的业绩，以增加金融机构发展绿色金融的内生动力。

4. 更加关切中小投资者利益

通过防范化解重大金融风险，我国金融领域稳步向前发展，金融控股公司监管、系统重要性金融机构监管不断完善，实体企业、互联网平台盲目向金融领域扩张的势头得到根本扭转，以"抓风险"为纲的金融风险防控体系日益成型。但是，在抓风险的同时，中小投资者权益保护领域仍然有相当多的工作可做。

近年来，我国通过实体经济领域内的各项改革，维护社会公平正义，促进社会各阶层之间的合理流动，解决了老百姓诸多"急难愁盼"的问题。以最近的教育辅导行业、学区房问题为例，彰显了党和国家解决教育不公平的决心。但是，在资本市场上，教育、地产等传统热点题材股票受政策影响价格下跌后，股市中仍然存在大量中小散户，持仓分析表明，筹建这些行业的大资本早已退出。使社会上泛起了广大中小投资者由于信息不对称，依然只能作为资本市场的风险缓释工具的论调。事实上，相关领域中的大力整顿，对大资本而言，虽然丧失了未来业务的发展增量，但在实际经营中已收益颇丰，且在资本市场上已获丰厚利润。而广大中小投资者，在相关行业概念炒作过程中跟进，以相对微薄的收入入局，最终成为埋单者。

未来，在推行注册制的同时，应当特别重视对炒概念、蹭热点，在人民群众“急难愁盼”问题上牟取暴利的上市企业进行规制，从上市宣传、重大事项披露、投资者教育等方面入手，平抑全社会不顾长期发展利益，专注短期套利、饮鸩止渴的不良风气，使真正需要资金的国民经济短板、卡脖子领域浮现在广大投资者面前。

5. 适应数字经济、创意经济发展方向，鼓励金融创新

习近平总书记在阐述金融供给侧结构性改革时指出，必须贯彻落实新发展理念，强化金融服务功能，找准金融服务重点，以服务实体经济、服务人民生活为本。未来，金融监管改革应以为实体经济发展提供更高质量、更有效率的金融服务为导向目标，以金融体系结构调整优化为重点，不断完善金融市场各项制度体系及产品安排。

对于银行体系，应坚持以市场主体需求为导向，积极创新开发个性化的金融产品，同时要加大对中小微企业及“三农”的服务支持力度。对于资本市场，要完善已有监管体制机制，优化市场准入和退出安排。对于金融服务，要在完善信用评价体系的基础上，适应数字经济、区块链等发展趋势，提高金融服务的精准度，构建多层次的金融服务支持体系。

第四章　扎牢金融风险的制度防线

一、主要改革政策举措

（一）统筹兼顾防范金融风险

1. 统筹监管系统性金融风险

早在2018年11月，人民银行、银保监会和证监会就联合发布了《关于完善系统重要性金融机构监管的指导意见》（以下简称《指导意见》），明确了我国系统重要性金融机构评估识别、附加监管和恢复处置的总体制度框架。为了更好地完善现代金融监管体系，防范系统性金融风险，落实上述《指导意见》的要求，2020年12月，人民银行、银保监会联合发布了《系统重要性银行评估办法》（以下简称《评估办法》）。《评估办法》主要包括以下内容：一是明确评估目的，识别出我国系统重要性银行，每年发布名单，根据名单对系统重要性银行进行差异化监管，切实维护金融稳定；二是确定评估方法，采用定量评估指标计算参评银行的系统重要性得分，再结合其他定量和定性信息做出监管判断，综合评估参评银行的系统重要性；三是明确评估流程，每年确定参评银行范围，收集参评银行数据进行测算，提出系统重要性银行初始名单，结合监管判断，对初始名单进行必要调整，经国务院金融稳定发展委员会确定后，由人民银行和银保监会联合发布。

（1）强化金融控股集团的管理

2020年9月，国务院印发《关于实施金融控股公司准入管理的决定》（国发〔2020〕12号），同月，人民银行也发布了《金融控股公司监督管理试行办法》（以下简称《金控办法》），并于2020年11月1日起正式实施。近年来，我国一些大型金融机构开展跨业投资，形成了金融集团；还有部分非金融企业投资控股了多家多类金融机构，成为事实上的金融控股公司。其中，一些实力较强、经营规范的机构通过这种模式，优化了资源配置，但也有少部分企业盲目向金融业扩张，隔离机制缺失，风险不断累积。近年来管理部门对金融控股公司的关注度越来越高，此前《关于加强非金融企业投资金融机构监管的指导意见》和《金融控股公司监督管理试行办法》两个文件较为典型。

《金控办法》将符合以下情形的金融控股公司纳入监管：一是控股股东、实际控制人为境内非金融企业、自然人以及经认可的法人；二是实质控制两类或两类以上金融机构；三是实质控制的金融机构的总资产或受托管理资产达到一定规模，或者按照宏观审慎监管要求需要设立金融控股公司。对于金融机构跨业投资控股形成的金融集团，参照《金控办法》确定监管政策标准，具体规则另行制定。《金控办法》遵循宏观审慎管理理念，主要从以下方面进行风险监管：

一是金融控股公司应当完善公司治理结构，依法参与所控股机构的法人治理，不得干预所控股机构的独立自主经营。对金融控股公司的董事、监事和高级管理人员任职实施备案管理。二是金融控股公司应当在并表基础上建立健全全面风险管理体系，覆盖所控股机构和各类风险。三是建立健全集团风险隔离机制，规范发挥协同效应，注重客户信息保护。四是加强关联交易管理，集团相关关联交易应依法合规、遵循市场原则。

两个制度的颁布意味着中国建立了金融控股公司监管框架，填补了金控监管的法律制度建设的不足。金控监管框架是人民银行履行整体监管职责，主要负责宏观审慎监管，银保监会、证监会等金融监管部门以分业监管作为原则，对金控的相关金融业务进行分业监管，这在一定程度上形成了与美国较为相似的金控“伞形”监管框架。在监管标准上，《金控办法》在股东资质、资金来源及运用、资本充足、股权结构、关联交易等方面提出了较为细致的监管要求，这将有效遏制过度投资金融机构、监管套利、脱实向虚等，对于从源头上管控金融风险，进一步引导金融服务实体经济有着积极意义。

（2）系统重要性银行监管

2008 年国际金融危机以来，系统重要性金融机构及其监管是国际社会重点关注的理论和政策议题，《巴塞尔资本协议Ⅲ》对全球系统重要性金融机构施加了更高的资本金和杠杆率要求，以防范系统重要性问题及相关的系统性金融风险。在二十国集团框架下，金融稳定理事会每年公布全球系统重要性银行名单，并以包括资本金和杠杆率等在内的监管要求强化其监管。为增强我国金融体系的稳定性和健康性，贯彻落实关于构建宏观审慎政策框架的决策部署，防范系统性金融风险，2020 年 9 月，中国人民银行和中国银保监会联合发布了《全球系统重要性银行总损失吸收能力管理办法（征求意见稿）》和《关于建立逆周期资本缓冲机制的通知》两份文件。2020 年 12 月，中国人民银行、中国银保监会发布《系统重要性银行评估办法》（以下简称《评估办法》），这将有助于构建现代金融监管体系、防范化解系统性金融风险。

《评估办法》致力于完善我国系统重要性金融机构监管框架，建立系统重要性银行评估与识别机制，其中评估指标包括参评银行的规模、关联度、可替代性和复杂性等一级指标。监管机构每年发布系统重要性银行名单，根据名单对系统重要性银行进行差异化监管，这有助于把控系统重要性银行风险，保障金融体系稳定，筑牢防范化解系统性金融风险的制度保障。

该文件意味着国内的大中型银行面临资本要求的提升。初步估算，纳入国内系统重要银行名单的银行也将需要计提 1%左右的附加资本。如果叠加逆周期资本，国内系统重要性银行需要额外计提 2%的资本。

（3）资本补充

2019 年 11 月，中国银保监会印发《关于商业银行资本工具创新的指导意见（修订）》，明确了商业银行发行资本工具的基本原则：一是多措并举、夯实资本。商业银行应坚持以内源性资本积累为主的资本补充机制，同时结合境内外市场特点，综合运用外源性资本补充渠道提升资本充足水平。二是科学发展、统筹规划。商业银行应结合本行实际，切实提升资本管理的自主性，科学制订发展战略和资本规划，强化资本约束，积极转变发展方式，控制风险资产的过快增长。三是坚持市场化、法治化原则。商业银行发行资本工具应依法合规并遵循市场化原则，定价客观反映商业银行的信用水平和资本工具风险特征。通过市场化定价吸引多元化的市场主体参与投资，进一步丰富投资主体类型。重点明确了商业银行合格资本工具的触发事件、减记条款和损失吸收顺序等认定标准。

2020 年 5 月，中国银保监会印发了《关于保险资金投资银行资本补充债券有关事项的通知》（以下简称《通知》），旨在扩大保险资金配置空间，提高服务实体经济的水平。《通知》是在《关于保险资金投资银行资本补充债券有关事项的通知》基础上进行的修改。《通知》主要内容包括：一是放宽保险资金投资的资本补充债券发行人条件。取消发行人总资产不低于 1 万亿元，净资产不低于 500 亿元的要求；将发行人“核心一级资本充足率不低于 8%，一级资本充足率不低于 9%，资本充足率不低于 11%”的要求调整为“资本充足率符合监管规定”；取消发行人外部信用等级 AAA 级的要求。二是取消可投债券的外部信用等级要求。取消可投资的二级资本债券的债项评级（AAA 级）和无固定期限资本债券的债项评级（AA+级）要求。三是明确保险机构信用风险管理能力应当达到银保监会规定的标准，并且上季度末偿付能力充足率不得低于 120%。四是要求保险机构按照发行人对资本补充债券权益工具或者债务工具的分类，相应确认为保险机构的权益类资产或者固定收益类资产，并纳入相应监管比例管理。《通知》有利于丰富保险资产配置品种，拓宽保险资金配置空间；有利于扩大保险机构投资的自主权，将投资价值和风险判断的权利更多地交给保险机构；有利于支持中小银行多渠道补充资本，优化资本结构；有利于扩大资本补充债券投资者群体，完善市场化发行定价机制。同时，《通知》要求保险机构切实加强风险管理，审慎判断投资的效益与风险。保险机构应当强化风险自担意识，持续加强风险管理能力建设；应当跟踪监测投资风险，及时履行报告义务。

（4）强化反洗钱监管

2021 年 1 月，中国人民银行、国家外汇管理局发布《银行跨境业务反洗钱和反恐怖融资工作指引（试行）》（以下简称《工作指引》），明确要求银行须对跨境业务的洗钱和恐怖融资风险进行识别、评估、监测和控制工作，而且必须贯穿银行跨境业务的全流程。银行办理跨境业务应严格执行反洗钱法律法规及中国人民银行、国家外汇管理局有关规定，按照本指引规定和要求，以风险为本，切实履行“了解你的客户、了解你的业务、尽职审查”职责，有效识别、评估、监测和控制跨境业务的洗钱和恐怖融资风险。

此前，2019 年 4 月 17 日，金融行动特别工作组（FATF）公布的《中国反洗钱和反恐怖融资互评估报告》指出，我国反洗钱工作存在一些需要改进的问题。例如，相对中国金融行业资产的规模，反洗钱处罚力度有待提高；对特定非金融行业反洗钱监管缺失，特定非金融机构普遍缺乏对洗钱风险及反洗钱义务的认识；法人和法律安排的受益所有权信息透明度不足；执法部门查处案件、使用金融情报、开展国际合作工作时侧重上游犯罪，而相对忽视洗钱犯罪；中国在执行联合国安理会定向金融制裁决议方面存在机制缺陷，包括义务主体、资产范围和义务内容不全面，国内转发决议机制存在时滞等。《工作指引》的制定也解决了上述问题。

（5）关于开展大额现金管理试点

近年来，多元化支付体系快速发展。为构建和谐流通环境，降低社会现金流通总成本并防控风险，有必要强化大额现金管理，提高现金服务水平，加强公众大额用现引导。鉴于各地经济金融情况各异，部分地区先行先试是当前形势下推进大额现金管理的有效路径，有助于在控制风险的前提下验证最佳的操作方案，逐步推广合理用现理念，为建立大额现金管理长效机制奠定基础。

2020 年，中国人民银行印发《关于开展大额现金管理试点的通知》，决定在河北省、浙江省、深圳市开展大额现金管理试点，各地对公账户管理金额起点均为 50 万元，对私账户管理金额起点分别为河北省 10 万元、浙江省 30 万元、深圳市 20 万元。

主要要求：一是大额取现要预约。各商业银行将建立预约规则，对大额提取现金业务，实行预约制度，并将有关信息上报至人民银行各中心支行。二是大额存取要登记。客户提取、存入起点金额之上的现金，应在办理业务时进行登记。商业银行同时应将相关信息上报至人民银行各中心支行。三是现金实物可追溯。试点行统筹考虑人民银行冠字号码数据集中要求与大额现金监测要求，指导银行业金融机构实现起点以上存取业务的信息与现金实物的冠字号码相关联、可追溯。

2. 强化公司治理

良好的公司治理是公司健康有序发展的重要前提，金融企业大多具有外部性强、财务杠杆率高、信息不对称严重的特征，只有规范的公司治理，才能使之形成有效自我约束，获得社会公众信任。因此，在未来一段时间加强金融企业的公司治理成为金融改革的重中之重。中国银保监会主席郭树清撰写的《完善公司治理是金融企业改革的重中之重》一文中提到了以下几方面内容：一是银行业和保险业公司治理改革取得了积极成效，例如股权结构实现多元化、公司治理组织架构基本形成等。二是虽然取得了一系列成效，但我国金融机构公司治理与高质量发展的要求还有些差距，要从压实金融企业自身主体责任、将公司治理作为基础性的监管要求、落实党的领导和建设、依法清理规范金融企业股权关系等多方面推动完善公司治理机制。三是对于金融机构来讲，要加强董事会建设、做实监事会功能、规范高管层履职等，从各个方面完善自身的公司治理结构。2020 年 7 月，银保监会官网刊发的银保监会副主席梁涛撰写的《奋力构建中国特色银行保险业公司治理机制》一文，重点讨论如何构建中国特色银行保险业公司治理机制，该文提出：（1）党的领导是中国特色银行保险业公司治理的本质特征；（2）规范的股东行为是中国特色银行保险业公司治理的重要基石；（3）高效率的董事会是中国特色银行保险业公司治理的中心要素；（4）良好的外部市场约束和利益相关者权益保护机制是中国特色银行保险业公司治理的重要组成部分；（5）科学有效的监管是中国特色银行保险业公司治理的重要保障。之后，银保监会又连续刊登了几期银保监会领导对加强银行保险业公司治理的意见和建议。此外，2020 年 10 月 29 日，银保监会召开新闻发布会，其主题便是介绍“银行保险业公司治理的有关情况”，并介绍了恒丰银行、杭州银行、中国太保集团、平安集团的公司治理情况及经验。以上政策信息足可显现政策层面当前对银行保险业公司治理问题的重视。

（1）公司治理的三年规划

2020 年 7 月，银保监会率先印发了《关于推动财产保险业高质量发展三年行动方案（2020—2022 年）的通知》，旨在深入贯彻以习近平同志为核心的党中央的决策部署，落实好《中国银保监会关于推动银行业和保险业高质量发展的指导意见》，持续推动财产保险业向高质量发展转变。

2020 年 8 月，中国银保监会印发《健全银行业保险业公司治理三年行动方案（2020—2022 年）》（以下简称《行动方案》）。《行动方案》突出强调以习近平新时代中国特色社会主义思想为指导，坚持加强党的领导，坚持完善现代金融企业制度。明确要坚持问题导向、标本兼治、分类施策、统筹推进的原则，聚焦主要问题、弥补制度短板、强化差异化监管、注重工作整体性和协同性。力争通过三年努力，初步构建起中国特色银行保险业公司治理机制。

《行动方案》的出台，进一步明确和突出了党的领导是做好一切金融工作的根本保证，是中国特色银行保险业公司治理的本质特征。《行动方案》将推动党的领导与公司治理有机融合放在首要位置，提出要将党的领导融入公司治理，进一步制度化、规范化、程序化，持续探索完善党的领导与公司治理有机融合的方式和路径，推动国有机构党组织切实发挥把方向、管大局、保落实的作用。

《行动方案》共分十个部分，涉及总体要求（包括指导思想、基本原则、总体目标）、党的领导与公司治理融合、公司治理评估、股东行为规范、董事会等治理主体履职、激励约束机制、利益相关者保护、外部市场约束、监管能力建设、组织保障等方面。《行动方案》围绕公司治理各个方面规划了一系列重点工作安排，是今后三年我国银行保险业公司治理监管的行动指南。

值得关注的几个重点任务：

一是规范股东行为。股权关系不清、股东行为失范是近年来银行保险业市场乱象丛生的根源。《行动方案》提出要下大力气进一步整治资本质量不实、股权关系不清、股东行为不当等突出问题，健全股东股权管理的体制机制，促进股权结构明晰化和股东行为规范化，切实保护中小股东的合法权益。

二是提出了“三个生产力”概念。近年来，部分机构考核机制存在明显的短视化倾向，薪酬分配过于向业务部门倾斜，高管人员薪酬与其承担的风险责任不够匹配，薪酬形式过于单一，中长期激励不足，不利于机构的可持续发展。要着力构建风险与收益兼顾、长期与短期并重、精神与物质兼备的激励约束机制。牢固树立“党建是生产力、反腐是生产力、管理是生产力”的理念，坚持对党务工作、风险管理、内控内审等人员一体激励。

三是提升董事会等治理主体的履职质效。董事会、监事会和高管层规范履职是良好公司治理结构的集中体现。近年来，监管发现部分机构存在董事不敢、不能、不愿履职，高管层履职越位、缺位、错位，监事会监督功能发挥不足等问题。今后要着力加强机构董事、监事和高管人员履职行为规范，提升董事会的独立性和专业性，明确和落实高管层职责，研究做实监事会功能。

（2）金融机构日常经营行为监督管理

2020 年 12 月，财政部印发了《关于国有金融机构聚焦主业、压缩层级等相关事项的通知》，该通知旨在进一步贯彻落实《中共中央　国务院关于完善国有金融资本管理的指导意见》，加强党的领导，引导国有金融机构围绕战略发展方向，突出主业，回归本业，“清理门户”，规范各层级子公司管理，严格并表管理和穿透管理，规范关联交易，加强商誉品牌管理，促进国有金融机构持续健康经营。该通知主要包括以下内容：一是规定国有金融机构对所属各级子公司的出资应当依法合规，资金来源应当为真实自有资金。除国家另有规定外，不得以受托管理资金、债务资金等非自有资金出资；以非货币财产出资的应当依法进行资产评估。国有金融机构及其所属各级子公司之间不得进行虚假注资、循环注资，一般不得通过股权质押进行融资。除财务投资外，国有金融机构所属各级子公司不得反向持有母公司股权，国有金融机构所属各级子公司之间不得交叉持股。二是要求国有金融机构应当明晰发展战略，按照突出主业、做精专业、内部分业的要求，审慎有序开展金融综合经营。竞争性国有金融机构应当根据发展战略建立产业目录，扶优限劣，坚决退出偏离主责主业、长期无财务回报的领域，推动资本向核心主业集聚。除国家政策另有规定及金融投资运营公司外，国有金融机构境内控股或实际控制的持有同类金融业务许可证的同级子公司原则上只能为一家。三是明确国有金融机构法人层级应与自身资本规模、经营管理能力和风险管控水平相适应，除金融投资运营公司外，包括国有金融机构本级在内，实质开展经营业务的法人层级原则上不得超过三级。四是明确国有金融机构应当按照“有放有收”的原则，推动各级子公司完善授权经营体系，严格执行授权管理制度。原则上属于一般经营性事项的权限可适当放宽，国有股权比例增减变动等涉及股东资本权益的事项应从严设定，授权管理权限应随着企业层级延伸逐级递减。五是规定国有金融机构开展境外投资、设立境外子公司等事项应围绕主责主业、审慎合规，严格实施尽职调查和可行性论证，加强境外业务管理和风险管控。国有金融机构应根据国有金融资本管理统一规制，对标境内子公司管理标准，对境外子公司实施授权管理、并表管理和穿透管理，督促境外子公司落实产权登记、资产评估备案等股权管理要求，规范境外子公司重大事项决策等公司治理程序。

（3）股东及董事监督管理

2020 年 1 月，财政部下发《关于印发金融机构国有股权董事管理暂行办法的通知》，该通知旨在加强金融机构国有股权董事管理，明确股权董事职责，规范工作程序，确保股权董事有效履行权利和义务，维护国有金融资本安全和国有出资人合法权益。该通知主要包含以下几方面内容：一是明确国有股权董事，是指由履行国有金融资本出资人职责的机构、国有金融资本受托管理机构（以下统称派出机构）向持股金融机构派出，代表国有金融资本出资人行使相关权利的董事。二是规定股权董事任期原则上不超过所派往金融机构一届董事会任期，任职期满后予以轮换。经派出机构批准延长任期的，在同一金融机构任职不得超过两届。三是要求金融机构董事会任期根据相关法律和公司章程确定。如相关法律和公司章程没有明确董事会任期的，一届董事会任期不超过 3 年。四是提出股权董事人选由派出机构采取内部遴选、选聘相关领域专业人士等方式确定，通过金融监管部门初审后，向金融机构提名，最终由金融机构按法定程序产生。五是除派出机构因工作需要安排外，股权董事任期内或任期结束后 3 年内，不得在其所派往的金融机构直接转任为高级管理人员或转聘为其他职级的员工。六是明确股权董事薪酬不得由其所派往的金融机构直接发放。派出机构应结合有关组织人事管理政策、薪酬管理制度，制定股权董事考核评价办法、薪酬管理办法和履职待遇标准。股权董事享有的权利中，包括对所派往金融机构公司治理、经营管理、重大投资事项、财务运行等情况中存在的问题和风险，具有向派出机构直接上报的权利。

为更好地履行国有金融资本出资人职责，规范国有股东向金融机构派出国有股权董事的议案审议工作，切实发挥国有股权董事会在金融机构公司治理中的积极作用，财政部对《金融机构国有股权董事议案审议操作指引》进行了修订，并于2020年11月下发了《关于印发〈金融机构国有股权董事议案审议操作指引（2020年修订版）〉的通知》。该通知要求，股权董事应根据“穿透管理”的原则，及时、主动地对金融机构所属各级子公司的重大事项进行调研，对相关议案进行沟通，并对需提交金融机构董事会审议的议案进行审核。具体来看，股权董事应关注的所属各级子公司重大事项，主要涉及金融机构各级子公司战略规划、聚焦主业、内部资产重组、子公司品牌管理、考核评价或其他可能对金融机构产生重大影响的事项，包括但不限于：金融机构重点子公司法人机构设立、合并、分立、解散、变更公司形式等事项；金融机构重点子公司重大经营事项、重大投融资、重大收购兼并、重大资产处置、重大对外担保、重大资产抵押、重大关联交易、重大对外赠予事项；其他根据金融机构内部授权机制，经子公司股东会、董事会审议后需报母公司董事会审议的事项；派出机构或金融机构认为必要的其他事项。金融机构应理顺上市子公司对外披露议案的决策流程，子公司应在履行公司治理程序、做出决策或决议前至少5个工作日与股权董事进行沟通，股权董事视具体情形与派出机构做好沟通。

同时，为了严肃市场纪律、规范股东行为，2020年7月4日，银保监会首次向社会公开了银行保险机构的38名重大违法违规股东，公布股东的违法违规行为主要包括：一是违规开展关联交易或牟取不当利益；二是编制或者提供虚假材料；三是关联股东持股超过一定比例未经行政许可；四是入股资金来源不符合监管规定；五是单一股东持股超过监管比例限制；六是实际控制人存在涉黑涉恶等违法犯罪行为。公开重大违法违规股东是提高股东违法成本、端正股东入股动机的必要措施，是整治股东股权乱象、净化市场环境的有效手段。下一步银保监会进一步完善公开方式，加大公开力度，建立公开重大违法违规股东的常态化机制。同时继续深入排查整治违法违规股东股权，加强股东行为约束和关联交易监管，为银行保险业长期稳健发展打下坚实基础。

（4）强化绩效管理

为深入贯彻落实党中央、国务院决策部署，进一步发挥市场机制的决定性作用，激励商业银行更加有效地响应国家宏观政策，增强商业银行服务实体经济、服务微观经济的能力，引导和促进商业银行高质量发展，2020年12月15日，银保监会印发《商业银行绩效评价办法》（以下简称《评价办法》）。《评价办法》从以下几个方面进行了改革：一是从指标体系看，将改革前的盈利能力、经营增长、资产质量、偿付能力四类指标调整为服务国家发展目标和实体经济、发展质量、风险防控、经营效益四类，每类权重均为25%，兼顾了考核重点和平衡关系。各单项指标权重依据重要性和引导功能确定，可适时根据国家宏观政策、实体经济需求、金融发展趋势等进行动态调整。二是如何确定商业银行绩效评价结果。①确定标准系数。绩效评价标准值按照不同对标方式，划分为优秀、良好、中等、较低、较差、极差6个档次，对应6档评价标准的标准系数分别为1.0、0.8、0.6、0.4、0.2、0。标准系数是评价标准的参数，反映评价指标对应评价标准值所达到的档次。②绩效评价计分。将商业银行调整后的评价指标实际值对照商业银行所处标准值，按照绩效评价公式计算各项基本指标得分。③绩效评价加减分的确定。当商业银行落实党中央、国务院关于服务实体经济，防控金融风险，深化金融改革政策和部署积极有力、精准到位时，按照审慎从严原则，在依据充足、论证充分的基础上，给予适当加分；当商业银行发生属于当期责任的重大风险事件、违规受罚、信息质量问题、无序设立子公司、落实国家政策不力的，予以适当评价降级或扣分。④绩效评价结果及其表现形式。绩效评价结果以评价得分、评价类型和评价级别表示。评价得分用百分制表示。评价类型分为优、良、中、低、差5种类型，分别对应A、B、C、D、E 5个字母。评定类型判定的分数线分别为80分、65分、50分、40分。评价级别是对每种类型再划分级次，以体现同一评价类型的不同差异，采用在字母后重复标注该字母的方式表示。比如，评价得分达到80分及以上不足85分的为优（A类A），85分及以上不足95分的为优（A类AA）。三是为确保绩效评价工作的客观、公正，商业银行要提供全面、真实的绩效评价数据。绩效评价工作以独立审计机构按中国审计准则审计后的财务会计报告为基础，其中，财务报表应当是按中国会计准则编制的合并财务报表。绩效评价数据应由负责商业银行年度财务报告审计的独立审计机构进行复核并单独出具审计报告。商业银行相关业务数据应与按照监管要求报送的最终结果保持一致，相互印证。为确保绩效评价工作的真实、完整、合理，商业银行可按照重要性和可比性原则对评价期间的账面数据申请适当调整或还原，申请调整事项经审计师出具鉴定意见后，有关财务指标相应加上客观减少因素、减去客观增加因素。例如，商业银行因重大自然灾害、突发公共卫生事件等不可抗力因素导致行业性营业收入、盈利下降的，可在计算行业标准值时统筹考虑影响因素。

为了细化银行保险机构的绩效薪酬激励约束机制，充分发挥绩效薪酬在银行保险机构经营管理中的导向作用，2021 年 1 月 28 日，银保监会下发《关于建立完善银行保险机构绩效薪酬追索扣回机制指导意见的通知》。根据该通知要求，银行保险机构应按规定建立并完善绩效薪酬追索扣回机制，健全劳动合同、薪酬管理、绩效考核等管理制度，充分运用薪酬工具，平衡好当期与长期、收益与风险的关系，确保薪酬激励与风险调整后的业绩相匹配，防范激进经营行为和违法违规行为，不断促进银行保险机构稳健经营和可持续发展。

3. 审慎监管细化

（1）同业存单

2020 年 12 月 10 日，全国银行间同业拆借中心下发《银行间市场同业存单发行违约违规处理细则》（以下简称《细则》），对同业存单发行过程中发行人或投资人未履行发行期间相关义务时产生的违约违规行为进行了圈定，并明确了相关处理措施。违约行为包括但不限于以下四种情形：投资人未按照缴款通知书载明的应缴款金额与截止时间足额完成缴款；投资人未将资金划入发行计划中披露或者缴款通知书上载明的发行人收款账户；投资人缴款所用汇款账户与缴款通知书上载明的投资人信息不符；发行人无故拒绝投资人的正常划款，或未及时退还投资人缴纳的超过缴款通知书载明的应缴纳金额的款项。违规行为包括但不限于以下三种情形：严重违约行为；发行人无故未在缴款日当日下午 5：15 前，向交易中心进行缴款确认或拒绝缴款确认的；以任何形式扰乱发行秩序的其他情形。最主要的处罚内容是“参与机构在一个自然年内出现无故违规行为累计达到五次及以上的，暂停同业存单发行或申购权限一个月”。

（2）会计准则

2021 年 1 月，财政部、银保监会印发《关于进一步贯彻落实新金融工具相关会计准则的通知》，进一步加强对企业实施新金融工具相关会计准则的指导，明确了尚未执行新金融工具相关会计准则的企业的执行时间，主要内容包括以下三方面：

一是对尚未执行新金融工具相关会计准则的金融业相关主体执行时间进行了明确。

二是为符合一定条件的执行新金融工具相关会计准则的非上市商业银行提供监管资本过渡安排，平滑新准则对于资本充足率的影响。值得我们关注的是，对非上市银行业金融机构的监管资本过渡安排非上市银行可以将首次执行日因采用预期信用损失法增提贷款损失准备导致的核心一级资本减少额（增提的贷款损失准备剔除递延所得税影响并扣减当日原准则下“贷款损失准备缺口”后的金额，以下简称调整基数）按照一定比例加回核心一级资本。其中，第一年和第二年按照调整基数的100%加回，第三年按照调整基数的75%加回，第四年按照调整基数的50%加回，第五年按照调整基数的25%加回。这会在一定程度上减轻中小银行机构的资本补充压力。

三是为新冠肺炎疫情下预期信用损失法的应用提供了指引。银行等金融机构因疫情原因提供临时性延期还款便利的，应当根据延期还款的具体条款和借款人的还款能力等分析判断相关金融资产的信用风险是否自初始确认后已显著增加。例如，银行针对某类贷款的所有借款人提供延期还款便利的，应当进一步分析借款人的信用状况和还款能力等，既应当充分关注并及时识别此类借款人信用风险是否显著增加，又不仅因其享有延期还款便利而将所有该类贷款认定为信用风险自初始确认后已显著增加。再如，银行针对某类贷款的延期还款便利仅限于满足特定条件的对象的，应当评估这些特定条件是否表明贷款信用风险自初始确认后已显著增加。

（3）规范短期健康保险业务和财产保险业务

2021年1月，中国银保监会办公厅印发《关于规范短期健康保险业务有关问题的通知》，主要是为规范短期健康保险市场秩序，保护消费者合法权益，重点解决以下问题：一是部分产品缺乏定价基础，保额虚高；二是部分公司销售行为不规范，把短期健康险当作长期健康险销售，一旦赔付率超过预期就停售产品，严重侵害了消费者利益；三是核保理赔不规范；四是无序竞争，不利于全社会形成正确的健康保险消费观念。该通知的主要内容包括：一是规范产品续保。严禁保险公司通过异化产品设计，“短险长做”误导消费者。明确短期健康保险不得保证续保，不得使用“自动续保”“承诺续保”“终身限额”等易与长期健康保险混淆的词句。二是规范产品定价、赔付率。要求保险公司产品定价应当具备定价基础，不得设定严重背离理赔经验数据基础的、虚高的保险金额。同时，要求保险机构定期在公司官网披露短期健康保险业务整体综合赔付率，接受社会各界和保险消费者监督。三是规范产品组合销售。严禁保险公司将产品组合销售异化为捆绑强制搭售，限制消费者购买产品和服务的权利，侵害保险消费者利益。四是规范核保理赔。严禁保险公司核保“空心化”、理赔“核保化”，侵害保险消费者利益。要求保险公司规范设定健康告知信息，健康告知信息的设定不得出现有违一般医学常识等情形。

2020年2月，银保监会发布《关于进一步加强和改进财产保险公司产品监管有关问题的通知》，该通知旨在突出监管重点，统筹监管资源，提高监管效率，提升财产保险行业产品质量。该通知规定了以下几方面内容：一是改进和完善产品监管机制。其中，规定了财产保险公司产品审批备案的调整范围，提出了实施产品分类监管和属地监管的要求，进一步明确了银保监会和银保监局产品监管的职责，并强化了产品退出机制。二是规范产品备案流程。明确规定使用范围超过一个省（区、市）的财产保险公司保险产品，由总公司向其营业场所所在地银保监局备案；仅在某一省（区、市）使用的，向产品使用地银保监局备案。同时，规定所有产品备案材料均以电子化方式报送，并对具体险种的报送路径、报备材料进行了明确。三是提出有关工作要求。要求各财险公司切实承担起产品管理主体责任，强化产品管控，开展消费者保护审查，严把产品质量关；要求保险业协会发挥好自律职能，保障产品注册平台安全运行，研究建立产品评估和创新保护机制；要求各银保监局加强组织保障，建设好产品监管队伍，落实好各项产品监管规定，维护良好的市场秩序和产品生态。四是对该通知的适用性和实施日期做出规定。

（4）强化责任保险监管

2020 年 12 月，中国银保监会办公厅印发《责任保险业务监管办法》，重点规范以下内容：一是规范责任保险承保边界。针对责任保险边界不断扩大，一方面严格责任保险承保范围，明确责任保险应当承保被保险人给第三者造成损害依法应负的赔偿责任，不得承保故意行为、罚金罚款、履约信用风险、确定损失、投机风险等风险或损失，另一方面要求保险公司厘清责任保险与财产损失保险、保证保险、意外伤害保险等险种的关系，合理确定承保险种。二是规范市场经营行为。针对当前不规范竞争行为，明确不得存在未按规定使用经批准或备案的条款费率、销售误导、不正当竞争、违规承诺等行为，不得以承保担保机构责任等形式实质承保融资性信用风险，不得以机动车辆保险以外的责任保险主险或附加险承保机动车第三者责任。三是规范保险服务。明确保险公司提供保险服务，应当遵循合理性、必要性原则，以降低赔付风险为主要目的，不得随意扩大服务范围、服务内容。要求保险公司制定保险服务相关制度，按照会计准则进行账务处理，确保数据真实准确。四是强化内控管理。进一步强化保险公司开展责任保险业务的业务管理、授权体系、队伍建设、业务核算、信息系统、数据统计、风险管控等方面的要求。

（5）保险资金财务性运用管理

2020 年 9 月，银保监会印发了《关于优化保险机构投资能力监管有关事项的通知》（以下简称《通知》），《通知》旨在持续推进简政放权，进一步深化保险资金运用市场化改革。《通知》由正文和七项附件构成，正文主要规定了保险机构投资管理能力自评估、管理和信息披露的基本要求；附件对各项投资管理能力建设的具体标准进行了细化设计。《通知》的主要内容：一是优化整合保险机构投资管理能力。在现有投资管理能力框架基础上，合并保险资产管理机构同类产品创新能力，将保险资管机构基础设施投资计划产品创新能力、不动产投资计划产品创新能力合并为债权投资计划产品管理能力，新增保险资产管理机构股权投资计划产品管理能力。调整后，保险机构投资管理能力共有信用风险管理能力、股票投资管理能力、股权投资管理能力、不动产投资管理能力、衍生品运用管理能力、债权投资计划产品管理能力、股权投资计划产品管理能力 7 类。对保险资产管理机构不再设置股权、不动产投资管理能力。二是按照“有多大能力干多大事”的原则，细化和明确保险机构开展债券、股票、股权、不动产、衍生品运用等各类投资业务以及发行债权投资计划、股权投资计划的能力标准和监管要求，引导保险机构全面加强投资管理能力建设。三是取消投资管理能力备案管理，强化事中事后监管。将保险机构投资管理能力管理方式调整为公司自评估、信息披露和持续监管相结合，全面压实保险机构主体责任。明确要求保险机构开展相关投资管理业务前，须严格按要求进行自我评估和信息披露，确保人员资质、制度建设、系统建设等满足能力标准，保险机构的董事会和合规部门应切实发挥作用。四是督促保险机构持续加强投资管理能力建设。明确要求保险机构应当持续加强投资管理能力建设并及时进行动态自评估，严禁不具备投资管理能力而开展相应投资活动，严禁在投资管理能力未持续符合要求的情况下新增相关投资活动。五是细化信息披露要求。明确保险机构投资管理能力信息披露内容、方式，将信息披露细分为首次披露、半年度披露和重大事项披露三类，严禁未履行信息披露和报告程序开展相关投资活动。同时，指导中国保险行业协会、中国保险资产管理业协会加强保险机构投资管理能力信息披露自律管理工作，为更好地发挥社会监督和舆论监督作用提供便利。六是强化监督管理。银保监会将通过非现场监测和现场调查、检查等方式，对保险机构投资管理能力建设和评估情况进行持续跟踪监管。对于违反《通知》相关规定的行为，银保监会将依法依规对相关机构和主要责任人采取相应监管措施和行政处罚。《通知》的发布实施是银保监会贯彻落实党中央、国务院关于深化“放管服”改革，推动优化营商环境的重要举措，是对保险机构现有投资管理能力监管框架的优化完善，对于进一步推进保险资金运用市场化改革、提高保险机构自主投资决策效率意义重大，有利于推进保险机构持续、全面强化投资管理能力建设，有利于激发保险资金投资活力，更好地支持实体经济和资本市场发展。

2020 年 11 月，中国银保监会印发《关于保险资金财务性股权投资有关事项的通知》，主要内容包括：一是明确财务性股权投资的概念，保险机构及其关联方对所投资企业不构成控制或共同控制的，即为财务性股权投资。二是取消财务性股权投资行业限于保险类企业、非保险类金融企业和与保险业务相关的养老、医疗等特定企业要求，允许保险机构自主选择投资行业范围，扩大保险资金股权投资选择面。三是建立财务性股权投资负面清单，禁止保险资金投资存在十类情形的企业，同时鼓励保险资金开展市场化、法治化债转股项目。四是明确资金性质要求，允许保险机构运用自有资金和责任准备金开展财务性股权投资。五是加强风险控制，要求保险机构承担开展财务性股权投资的主体责任，完善股权投资管理制度，加强股权投资管理能力建设，审慎开展投资运作，不得利用股权投资开展内幕交易或利益输送。六是强化监督管理，规定保险机构开展财务性股权投资应当履行有关报告义务，违反规定开展投资的，中国银保监会将依法采取监管措施或给予相应的行政处罚。

重点放开的限制：取消了保险资金开展财务性股权投资的限制，将进一步鼓励险资投资股票市场，增强股市稳定性。截至 2020 年末，保险公司总资产 23.3 万亿元，同比增长 13.3%；保险资金运用余额 21.7 万亿元，同比增长 17%。截至 2020 年第三季度末，保险资金投资 A 股占总市值的 3.44%，投资债券规模占我国债券市场总规模的 6.49%。保险资金是股票市场上最大的机构投资者之一，但股票投资在保险业资产配置组合中的比例仍有很大的上升空间。

重点负面清单：所属行业或领域不符合宏观政策导向及宏观政策调控方向，或者被列为产业政策禁止准入、限制投资类名单，或者对保险机构构成潜在声誉风险；高污染、高耗能、未达到国家节能和环保标准、产能过剩、技术附加值较低；直接从事房地产开发建设，包括开发或者销售商业住宅；银保监会规定的其他审慎性条件。

4. 行为监管制度化

（1）继续巩固乱象整治成果

近几年全国银行业保险业市场乱象整治工作取得了明显成效，经营管理乱象得到有效遏制，资金脱实向虚问题得到有力纠正，银行业保险业回归本源、合规审慎运行态势基本形成并有效稳固。但一些银行保险机构公司治理仍不健全，风险管理仍然薄弱，部分领域问题屡查屡犯、屡禁不止，重大案件和风险事件时有发生。为巩固拓展乱象整治成果，坚决打赢防范化解金融风险攻坚战，银保监会决定组织开展银行业保险业市场乱象整治工作“回头看”。2020年6月，印发《关于开展银行业保险业市场乱象整治“回头看”工作的通知》，该通知明确，对连续三年市场乱象整治工作进行“回头看”。一看主体责任是否落实到位，二看实体经济是否真正受益，三看整改措施是否严实有效，四看违法违规是否明显遏制，五看合规机制是否健全管用。要求全系统提高政治站位，深刻领会金融支持中小微企业对做好“六稳”工作、落实“六保”任务的重大意义，把握好治乱象、防风险与稳增长的有机统一。督促银行保险机构把普惠金融政策红利切实传导到民营小微企业，不断推动降低企业融资综合成本，依法严厉打击通过融资政策便利获得的贷款违规进行资金套利行为。持续深入开展宏观政策执行、股权与公司治理、业务经营、影子银行和交叉金融业务等领域违法违规问题排查，对打着“金融创新”的幌子花样翻新的违规行为，依法严肃处理。

（2）预防银行业保险业从业人员金融违法犯罪

2020年2月，银保监会印发《关于预防银行业保险业从业人员金融违法犯罪的指导意见》，明确了预防银行业保险业金融违法犯罪案件的基本原则，着重强调以下四个方面：一是加强党的领导和党的建设。二是坚持健全长效机制与短期重点惩治并重，管住人、看住钱、筑牢制度的防火墙。三是坚持内部管控、行业自律与外部监管三管齐下。四是坚持金融监管部门与监察机关、公安机关和司法机关联动协调，建立跨区域、跨部门、跨领域的监督惩处机制，形成防范打击合力。重点强化了预防银行业保险业十一个重点领域的金融违法犯罪案防要求，进一步强调了银行业保险业机构公司治理六个方面的内控和行业自律机制作用。同时对完善案防管理体系、加强检查与评估结果运用、严格依法惩处、联合惩戒等监管和联动协调等提出了明确监管要求。

（3）银行保险机构涉刑案件管理

2020年5月，银保监会印发《银行保险机构涉刑案件管理办法（试行）》，将有下列情形之一的案件，定义为重大案件：①银行机构案件涉案金额等值人民币一亿元以上，保险机构案件涉案金额等值人民币一千万元以上的；②自案件确认后至案件审结期间任一时点，风险敞口金额（指涉案金额扣除已回收的现金或等同现金的资产）占案发银行保险法人机构总资产百分之十以上的；③性质恶劣、引发重大负面舆情、造成挤兑或集中退保以及可能诱发区域性或系统性风险等具有重大社会不良影响的；④银保监会及其派出机构认定的其他属于重大案件的情形。该办法还进一步规范和加强了银行保险机构涉刑案件管理工作，建立责任明确、协调有序的工作机制，依法、及时、稳妥处置案件。

（4）银行保险业从业人员职业操守和行为准则

2020 年 5 月 12 日，银保监会印发《关于切实加强保险专业中介机构从业人员管理的通知》，该通知旨在切实推动保险专业中介机构落实主体责任，从强管理、提素质、促转变、树形象等方面全面加强从业人员队伍管理。该通知主要包括以下九方面内容：一是保险专业中介机构应全面承担起管理主体责任，要形成层层有责、层层负责、事事明责的工作机制，全方位、全流程加强从业人员管理；二是保险专业中介机构应加强对从业人员的统筹管理，各机构要自上而下建立从业人员管理的责任体系，系统建立从业人员管理制度体系，健全内部监察制度，强化从业人员管理责任的督导考核和奖惩约束，完善风险监控及追责机制；三是保险专业中介机构应严格从业人员招录管理，坚持严格选人、持续育人、事业留人导向，制定统一的从业人员招录管理办法，严禁招录监管规定不允许从事保险业务的人员；四是保险专业中介机构应严格从业人员管理，针对从业人员入职和在职两个环节制订全周期的培育规划，切实抓好入职从业人员的岗前培训，持续开展从业人员在职教育；五是保险专业中介机构应建立从业人员销售能力分级体系，要综合考察从业人员的从业年限、学历知识、诚信记录等方面情况，严格区分从业人员能力进行委托授权；六是保险专业中介机构应严格从业人员诚信管理，严格防范从业人员出现相关规定中的禁止性行为，并做好从业人员的诚信管理持续性工作；七是保险专业中介机构应切实夯实从业人员管理，积极依托信息技术，对从业人员的身份信息、业务信息、财务信息等情况进行全面记录和管理，确保数据全面、真实、可回溯；八是依法严格监管、严厉处罚和严肃责任追究；九是对监管履职不力者依法依规严肃问责。

2020 年 9 月，中国银行业协会印发《银行业从业人员职业操守和行为准则》，以进一步规范银行业金融机构从业人员职业操守和行为准则，塑造共同价值观，加强行业自律和从业人员行为管理，推动清廉金融文化建设。早在 2007 年，中国银行业协会就制定了《银行业从业人员职业操守》，随着我国经济、金融形势的变化以及银行业的发展，一些严重违法违规违纪、损害行业声誉的行为时有发生，如何规范银行业从业人员的行为也面临着新的挑战。本次《银行业从业人员职业操守和行为准则》提出了七项职业操守，包括爱国爱行、诚实守信、依法合规、专业胜任、勤勉履职、服务为本、严守秘密等，以此刻画银行业从业人员“忠、专、实”的独有职业性格特征和共同价值观。同时，建立包括“黑名单”“灰名单”的惩戒机制。

（5）银行业保险业消费投诉处理管理

2020年1月，银保监会印发《银行业保险业消费投诉处理管理办法》（以下简称《投诉办法》），以进一步规范银行业保险业消费投诉处理工作，畅通投诉渠道、提高处理效率，保护消费者合法权益，提升消费者对银行保险机构投诉处理工作满意度。《投诉办法》明确界定消费投诉为消费者因购买银行、保险产品或者接受银行、保险相关服务与银行保险机构或者其从业人员产生纠纷，并向银行保险机构主张其民事权益的行为。明确了银行保险机构处理消费投诉的受理渠道、受理范围、处理时限等程序要求。为最大化满足消费者合理诉求，结合投诉处理工作实际，鼓励提高投诉处理效率，对于事实清楚、争议情况简单的消费投诉，银行保险机构应当在15日内办理完毕并告知投诉人，情况复杂的可延长至30日；情况特别复杂或者有其他特殊原因的，经过必要审批程序后，办理期限再延长30日。同时，完善投诉处理制度机制，要求银行保险机构建立健全溯源整改、责任追究制度。综合运用正向激励和负面约束手段，要求银行保险机构健全信息披露和考核评价制度。为避免利益冲突，要求银行保险机构建立投诉处理回避制度，指定与被投诉事项无直接利益人员处理投诉。

2020年10月，银保监会发布《关于防范金融直播营销有关风险的提示》（以下简称《提示》）。《提示》着眼于揭露金融直播营销存在的风险，并提示消费者要提高风险防范意识。《提示》中提到，目前金融直播营销主要存在两方面风险，一是金融直播营销主体混乱，或隐藏诈骗风险，部分营销主体无资质、直播平台信息设置混乱、非专业人士误导等现象时有发生；二是直播营销行为存在销售误导风险，部分营销主体或虚假、夸大宣传或偷换概念或信息披露、风险告知提示不到位。针对金融直播营销存在的隐患，《提示》提出广大消费者可从三方面提高风险防范意识。一是辨明直播主体资质，选择正规金融机构和渠道；二是看清直播内容，要树立科学理性的投资观，警惕存在的风险；三是要知悉金融消费或投资风险，消费者要保持清醒的认知，认真了解金融产品或服务的合同内容。

（二）攻坚克难化解金融风险

1. 做实金融资产质量

据不完全统计，2020年由于新冠肺炎疫情的影响，不良资产行业整体交易量遭受了巨大冲击，疫情因素对资产前期异地资产评估难度的加大，后端处置周期的延长，都影响“买包”的热情和“出包”的速度。为了进一步缓解不良风险，2020 年 11 月以来，金融监管部门多次表态要加快不良资产处置，多渠道疏通政策堵点。2020 年 11 月，银保监会主席郭树清在相关会议上强调“前瞻性应对银行不良资产反弹”。之后，银保监会首席律师刘福寿在相关会议上表示，下一步银保监会将督促银行做实资产分类，真实暴露不良，足额计提拨备，加快处置速度。另外，人民银行发布的《中国金融稳定报告（2020）》中提及，将支持中小金融机构多渠道补充资本、完善公司治理，加大不良贷款处置力度，增强金融机构稳健性。与此同时，宁夏、四川、内蒙古、北京等地都陆续出台了政策以支持金融资产的不良处置。以宁夏为例，宁夏高级人民法院联合地方金融监督管理局、公安厅、财政厅等八部门出台《关于支持银行业金融机构、地方金融组织加快不良资产处置的若干意见》（以下简称《意见》），《意见》明确，开展不良资产处置联合攻坚行动，建立法院、公安、金融、税务等单位共同参与的不良资产处置联合攻坚机制，统一排查辖区银行业金融机构、地方金融组织不良资产状况，建立动态台账、制订处置方案、协同推进解决，并将完成情况纳入自治区金融环境创建奖评选参考范围。鼓励银行业金融机构、地方金融组织拓展处置渠道，实现不良资产处置多方参与和信息共享。有效压实银行机构处置化解责任，加大不良资产处置力度，落实尽职免责制度。《意见》还要求，要依法优化金融债权的保护与实现，建立金融债权诉讼“绿色通道”，快立快审快执；对符合公证债权文书、支付令强制执行条件的案件，依法及时受理并执行；推行破产案件简易审机制，实行破产案件繁简分流；完善司法评估机制，合理确定司法拍卖起拍价；依法打击恶意逃废债行为，建立司法与金融业联合惩戒逃废债工作机制，坚决严厉打击假破产、假倒闭、刻意脱保、失联跑路、恶意拆毁抵押物、擅撕法院封条、对抗执行、虚假买卖、私自转让抵债资产等行为。

为了规范金融企业的经营管理，提高金融资产质量，财政部对《金融企业财务规则》进行了修订，形成了《金融企业财务规则（征求意见稿）》（以下简称《规则》）。《规则》中增加了预算管理、资本金管理、投资管理、考核与评价等内容。具体内容如下：一是资本金管理方面。要求金融企业资本金来源必须真实、自有、合法，不得以委托资金、债务资金等非自有资金投资金融企业。要求金融企业资本金应当以货币资金为主。同时，考虑到金融企业改制、自身经营等现实需要，允许以经营必需的非货币资产出资，但是对其出资比例进行限制。二是股权质押方面。金融企业出资人不得质押限售期内的金融企业股权，质押融资不得用于股权收购，对于一定比例股权质押进行股东权利限制，确保公司治理结构稳定。三是特殊投资者方面。近年来，银行理财、资产管理计划等融资方式不断创新，一些投资者将金融产品投资入股金融企业。考虑到金融产品一般具有一定期限，结构复杂，资金来源难以彻底核查，为避免利用金融产品资金优势获取金融牌照或炒作股价，防范期限错配风险，对金融产品入股金融企业的方式和比例进行适当规范。四是风险管理方面。在风险缓冲方面，梳理了风险缓释的不同层次，金融企业应适当采取资产证券化、购买保险、运用套期保值类金融衍生工具等方式规避风险，对准备金计提问题作了进一步明确和统一。同时，为真实反映金融企业经营成果，防止金融企业利用准备金调节利润，对于大幅超提准备金予以规范。以银行业金融机构为例，监管部门要求的拨备覆盖率基本标准为150%，对于超过监管要求2倍以上，应视为存在隐藏利润的倾向，要对超额计提部分还原成未分配利润进行分配。

2. 企业债务风险处置

（1）债委会管理

2020年12月28日，中国银保监会、国家发展改革委、中国人民银行、中国证监会印发《关于金融机构债权人委员会工作规程的通知》。该通知进一步明确了债委会的属性，指出债委会是协商性、自律性、临时性组织，按照市场化、法治化、公平公正、分类施策的原则，依法维护金融机构作为债权人的合法权益。债委会可以按照“一企一策”的方针，集体研究增加融资、稳定融资、减少融资、重组等措施，确保债权金融机构形成合力，稳妥化解风险。金融机构应当密切关注债务企业经营情况，发现债务企业存在严重影响按约偿还债务情形的，应当积极推动其他债权金融机构组建债委会。金融机构也可以应债务企业请求，组建债委会。

该通知再次强调了对企业的分类施策：对于发展前景较好、风险可控且提出的新资金需求有充分理由的债务企业，为支持其正常运营活动，债委会可以通过联合授信、组建银团贷款或封闭式融资等方式给予支持。对于扭亏无望、失去生存发展前景的“僵尸企业”或有逃废债行为的债务企业，原则上不应当作为金融债务重组对象。

同时，对债委会成员履职问题建立了约束机制。债委会成员机构存在不履行其在债委会中相关职责、不遵守债委会按照约定的议事规则所做出的决议、擅自退出债委会或者其他影响债委会工作情形的，债委会或者自律组织可以采取内部通报等自律性惩戒措施。因上述情形造成严重后果的，金融管理部门可以采取约谈、向债委会成员机构总部通报等方式督促债委会成员机构规范行为。

（2）规范金融资产投资公司投资运作

2016 年 10 月，国务院出台了《关于积极稳妥降低企业杠杆率的意见》及其附件《关于市场化银行债权转股权的指导意见》，标志着新一轮市场化债转股正式启动。作为商业银行开展市场化债转股业务的实施机构，金融资产投资公司应运而生。2018 年 6 月，银保监会发布《金融资产投资公司管理办法（试行）》，主要对银行债转股的机构设立、业务模式、资金来源等方面做出了明确要求，以期推动市场化、法治化银行债权转股权健康有序开展，规范银行债转股业务行为。

2020 年 4 月，银保监会印发《关于金融资产投资公司开展资产管理业务有关事项的通知》。金融资产投资公司指的是商业银行为从事债转股及其配套业务而设立的机构，可以通过收购银行对企业的债权，将债权转为股权的形式实施债转股，能够帮助企业降低杠杆率，具有非银行金融机构的特许经营牌照。金融资产投资公司开展资产管理业务，以促进市场化债转股健康发展为目的，是有效化解企业债务风险的重要组成部分。

该通知明确了金融资产投资公司投资运作的规范，量化指标方面主要有以下几个特征：

一是债转股投资计划可以投资单笔市场化债转股资产，也可以采用资产组合方式进行投资。资产组合投资中，市场化债转股资产原则上不低于债转股投资计划净资产的 60%。债转股投资计划可以投资的其他资产包括合同约定的存款（包括大额存单）、标准化债权类资产等。

二是债转股投资计划应当为封闭式产品，自产品成立日至终止日期间，投资者不得进行认购或者赎回。债转股投资计划直接或间接投资于非标准化债权类资产的，非标准化债权类资产的终止日不得晚于产品到期日。债转股投资计划直接或间接投资于未上市企业股权及其收益权的，未上市企业股权及其收益权的退出日不得晚于产品的到期日。

三是债转股投资计划原则上应当为权益类产品或混合类产品，可以进行份额分级，根据所投资资产的风险程度设定分级比例（优先级份额/劣后级份额，中间级份额计入优先级份额）。权益类产品的分级比例不得超过 1∶1，混合类产品的分级比例不得超过 2∶1。分级债转股投资计划不得直接或间接对优先级份额认购者提供保本保收益安排。金融资产投资公司应当对分级债转股投资计划进行自主管理，不得委托给劣后级投资者。

四是债转股投资计划的总资产不得超过该产品净资产的 200%。分级债转股投资计划的总资产不得超过该产品净资产的 140%。金融资产投资公司计算债转股投资计划总资产时，应当按照穿透原则合并计算债转股投资计划所投资的底层资产。债转股投资计划投资于资产管理产品的，应当按照持有资产管理产品的比例计算底层资产。

截至 2021 年底，工商银行、农业银行、中国银行、建设银行和交通银行五大国有商业银行均成立了金融资产投资公司（AIC），并积极部署增资事宜。2020 年 12 月 2 日，建设银行发布公告称，向其全资子公司建信金融资产投资有限公司（以下简称建信投资）增资，增资金额不超过 300 亿元，首次增资 150 亿元。12 月 23 日，工商银行宣布，将向工银金融资产投资有限公司（以下简称工银投资）增资不超过人民币 300 亿元。12 月 25 日，农业银行公告称，将向农银金融资产投资有限公司（以下简称农银投资）增资 100 亿元。在增资之前，建信投资、工银投资、农银投资的注册资本分别为 120 亿元、120 亿元、100 亿元。2021 年 1 月 28 日，中国银行发布公告称，该行拟向全资子公司中银金融资产投资有限公司（以下简称中银投资）增资，增资金额不超过人民币 120 亿元，增资分次进行。

表 4–1 五家金融资产投资公司基本情况

单位：亿元

公司名称	注册资本	总资产	净资产	净利润
建信金融资产投资公司	120	1213.34	132	8.57
农银金融资产投资公司	100	1098.46	114.96	8.36
工银金融资产投资公司	120	1456.25	151.35	11.2
中银金融资产投资公司	100	787.47	111.49	8.58
交银金融资产投资公司	100	490.38	113.6	12.35

资料来源：五大国有商业银行 2020 年年度报告。

（3）保险资金参与债转股

2020 年 5 月，银保监会发布《关于金融资产投资公司开展资产管理业务有关事项的通知》，允许金融资产管理公司设立债转股投资计划，主要投资于市场化债转股资产。同时，明确保险资金、养老金等可以依法投资债转股投资计划，扩大了债转股的资金来源。同时，规定了参与债转股计划的具体条件：一是债转股投资计划投资的市场化债转股资产原则上不低于债转股投资计划净资产的 60%；二是债转股投资计划可以投资的其他资产包括合同约定的存款（包括大额存单）、标准化债权类资产等银保监会认可的资产；三是债转股投资计划进行份额分级的，应当为优先级份额。

（4）关于公司信用类债券违约处置有关事宜的通知

2020 年 7 月，人民银行会同国家发展改革委和证监会联合发布《关于公司信用类债券违约处置有关事宜的通知》，加强资本市场制度建设、防范化解风险。建立完善的债券违约处置机制、提升违约处置效率，是防范化解债券市场风险、保护投资者合法权益的有效路径之一，也是市场向纵深发展的必经之路。主要内容包括：一是明确违约处置的基本原则；二是建立健全受托管理人等投资者保护制度，充分发挥受托管理人和债券持有人会议制度在债券违约处置中的核心作用；三是明确违约处置各方的职责与义务，强化发行人契约精神，加大投资者保护力度，明确中介机构责任；四是建立健全多元化的债券违约处置机制，提高处置效率；五是加强监管协调，加大债券市场统一执法力度。

其中，各方责任界定如下：

一是关于债券发行人。强化发行人的契约精神，明确发行人积极履行清偿责任的义务，不得恶意逃废债或蓄意损害投资者合法权益，严格履行信息披露义务。二是关于债券持有人。坚持投资者权益保护与投资者风险意识提高并重。支持债券持有人充分利用集体行动机制维护合法权益，明确发行人要公平、公正对待债券持有人。三是关于中介机构。在强化中介机构勤勉尽责的基础上，推动主承销商或受托管理人提高对存续期债券的信用风险评价和管理能力，明确建立中介机构利益冲突防范机制，提高信用评级机构的风险揭示能力，强化担保、增信机构的履职责任。四是关于监管机构。加强监管协调和信息共享，推进债券市场统一执法，加大对恶意逃废债行为的惩戒力度，推动完善市场自律管理，加快培育市场合格机构投资者。

3. 金融机构风险处置

根据《中国金融稳定报告（2020）》，在 2019 年第四季度对 4400 多家银行业金融机构评级中，属于高风险的机构共 545 家，占比为 12.4%，主要集中在农村中小金融机构。2021 年 4 月，人民银行公布“2020 年第四季度央行金融机构评级结果”，结果显示，截至 2020 年末，4399 家银行业金融机构评级结果总体稳定，大部分机构评级结果在安全边界内（1—7 级），“红区”（8—D 级）高风险机构共有 442 家，但数量显著下降，资产占银行业总资产的 2%。从机构类别来看，高风险机构为城商行和农合机构与村镇银行，其中 12%的城商行为高风险机构，资产占全部城商行的 4%；农合机构（包括农村商业银行、农村合作银行、农信社）和村镇银行的高风险机构数量分别为285家和127家，资产分别占本类型机构的8%、10%。而从地区分布来看，经济发达地区无高风险机构或数量较少，经济欠发达地区高风险机构数量较多。

（1）明确中小银行风险处置路径

2020年8月，银保监会等五部门联合下发了《中小银行深化改革和补充资本工作方案》，对地方专项债补充中小银行资本事宜进行了明确。在当前区域中小金融机构（特别是农村金融机构）风险仍在释放和暴露的背景下，为后续区域中小金融机构的风险处置和兼并重组提供了明确方向。主要有以下几个特征：

一是银保监会配合地方政府制订中小银行深化改革、补充资本和化解风险的实施方案。根据要求，各地要将落实地方党的领导责任、国有金融资本管理责任和属地风险处置责任紧密地结合起来，金融管理部门承担监管责任。目前，我们的当务之急是，配合地方政府摸清风险底数、组织清产核资并据此“一行一策”制订实施方案。

二是支持地方政府继续通过多种市场化途径引进投资，增强中小银行资本实力。同时，通过发行地方政府专项债券，认购中小银行可转换债券等合格资本工具，帮助中小银行补充资本金，夯实发展基础。

三是健全公司治理机制。将党的领导融入公司治理各个环节，同时强化股权管理，依法清退问题股东，特别要加强新进入股东的资质审查。强化高管人员任职资格管理，推动职业经理人市场发展，严把行业准入关。建立健全透明高效、相互制衡、适应中小银行特点的公司治理机制。严防大股东操纵和内部人控制。

四是坚守市场定位。督导中小银行切实回归本源、专注主业，坚决扭转盲目追求速度和规模的发展模式。引导深耕本地、下沉服务、不跨区域，严格限制通过贷款、投资、同业、非标等业务向外扩张。同时，注重维护地方金融组织体系完整性，尤其要保持农村金融机构县域法人地位总体稳定。

值得关注的是，深化改革与多渠道补充中小银行资本联系起来，这意味着中小银行补充资本更多的是借助政府性和公开的市场力量，有通过股权结构来强化公司治理，改变问题股东对金融机构治理造成弱化的状况。

（2）强化村镇银行风险处置措施

近年来，受多种因素影响，少数村镇银行逐渐变为高风险机构，严重影响和制约其可持续发展和金融服务能力。为认真贯彻党中央、国务院关于坚决打赢防范化解金融风险攻坚战相关工作精神，进一步督促主发起行落实风险处置牵头责任，推动村镇银行改革重组，加快村镇银行补充资本，强化风险处置，实现持续健康发展，更好地服务乡村振兴战略。2021 年 1 月 5 日，银保监会发布《关于进一步推动村镇银行化解风险改革重组有关事项的通知》。

该通知主要提出三项处置措施：一是支持主发起行向村镇银行补充资本。支持主发起行向所发起设立的高风险村镇银行增资扩股，或在真实、洁净、合规的前提下，通过多种方式协助处置不良贷款，同时要认真评估主发起行包括出资能力、风险状况在内的综合情况，防止因处置风险而形成新的风险。二是适度有序推进村镇银行兼并重组。允许监管评级良好、经营管理能力突出、支农支小特色鲜明的村镇银行吸收合并所在县（区）或省内邻近县（区）的高风险村镇银行，将其改建为支行。如主发起行在当地设有分支机构，属地监管部门可探索允许其将所发起的高风险村镇银行改建为分支机构。在坚持市场化、法治化和自愿的原则下，属地监管部门可探索允许辖内国有大型商业银行和股份制银行将当地其他主发起行发起设立的高风险村镇银行改建为其分支机构。三是引进合格战略投资者开展收购和注资。对个别处置意愿不强、缺少处置能力的主发起行，属地监管部门可按照市场化、法治化的原则，推动其优进劣出。高风险村镇银行可引入地方企业、非银行金融机构参与化解风险，持股比例可超过 10%，但主发起行的持股比例不得低于 51%。持股比例突破限制的，待机构经营正常后，应逐步减持至或稀释至监管规定范围内。

（3）中小银行资本补充（地方专项债）

以地方政府专项债券资金补充中小银行资本，是监管部门着力推动深化中小银行改革的一项重要举措。由于中小银行受限于自身规模、评级等客观限制，市场化的资本补充渠道相对受限，为了缓解中小银行资本压力，探索合理补充中小银行资本金的新途径，帮助中小银行健康有序发展，2020 年做了以下探索工作。2020 年 6 月，全国财政厅（局）长座谈会上明确拟从当年的专项债额度中划出 2000 亿元用于注资中小银行，但具体方案尚未确定。2020 年 7 月 1 日召开的国务院常务会议明确将在新增的地方政府专项债限额中安排一定额度，允许地方政府通过认购可转债等方式，探索补充中小银行资本的相关路径。2020 年 8 月，有关部门联合下发了《中小银行深化改革和补充资本工作方案》（以下简称《方案》），对地方专项债补充中小银行资本事宜进行了明确。《方案》主要包括以下几方面内容：一是配合地方政府制订中小银行深化改革、补充资本和化解风险的实施方案。根据要求，各地要将落实地方党的领导责任、国有金融资本管理责任和属地风险处置责任紧密结合起来，金融管理部门承担监管责任。目前，银保监会的当务之急是，配合地方政府摸清风险底数、组织清产核资并据此“一行一策”制订实施方案。二是支持地方政府继续通过多种市场化途径引进投资，增强中小银行资本实力。同时，通过发行地方政府专项债券，认购中小银行可转换债券等合格资本工具，帮助中小银行补充资本金，夯实发展基础。三是健全公司治理机制。将党的领导融入公司治理各个环节，同时强化股权管理，依法清退问题股东，特别要加强新进入股东的资质审查。强化高管人员任职资格管理，推动职业经理人市场发展，严把行业准入关。建立健全透明高效、相互制衡、适应中小银行特点的公司治理机制。严防大股东操纵和内部人控制。四是坚守市场定位。督导中小银行切实回归本源、专注主业，坚决扭转盲目追求速度和规模的发展模式。引导深耕本地、下沉服务、不跨区域，严格限制通过贷款、投资、同业、非标等业务向外扩张。同时，注重维护地方金融组织体系完整性，尤其要保持农村金融机构县域法人地位总体稳定。五是加快廉洁金融文化建设。树立审慎稳健经营理念，增强风险意识合规意识，加大金融反腐力度，牢牢守住风险底线。

随即，补充中小银行资本金的2000亿元专项债额度已下达，此次2000亿元专项债额度的省级行政区包括天津、河北、浙江、山东、广东、内蒙古、辽宁、吉林、黑龙江、山西、江西、河南、湖北、广西、四川、云南、陕西、甘肃共18个。2020年，有5个省份共发行了506亿元专项债，广东、浙江、山西、广西、内蒙古中小银行专项债发行规模分别为100亿元、50亿元、153亿元、118亿元、85亿元，用于向当地中小银行注资。2021年3月，四川发行114亿元专项债用于补充省内21家中小银行资本金。2021年5月，江西银行发布的公告显示，按照江西省财政厅统一部署，该行拟申请开展不超过39亿元的转股协议存款业务对接地方政府专项债券资金，全部补充其他一级资本。同月，辽宁省支持中小银行发展专项债券（一期）信息披露文件显示，辽宁省政府支持中小银行发展拟筹集发行专项债券100亿元，期限为10年，募集资金将通过辽宁金融控股集团有限公司注入新城商行，用于其资本金。

（4）银行机构改革重组

①新增金融机构。2020年9月和11月，银保监会核准了四川银行的筹建与开业申请。其四川银行注册资本高达300亿元，原攀枝花市商业银行和凉山州商业银行分别变更为四川银行攀枝花分行、四川银行凉山分行。除四川

银行外，2020 年 8 月，晋中银行、晋城银行、阳泉商业银行、长治银行和大同银行也拟合并重组设立山西银行。2020 年 12 月，“山西人事招聘信息网”微信公众号发布了《山西银行 2021 年招聘工作人员公告》，这意味着山西银行的筹建工作已在实质进展中。2021 年 1 月，辽宁省政府常务会议研究推进省内城市商业银行整体改革工作，拟申请合并辽宁省内 12 家相关城商行。之后，辽宁省委省政府向金融委汇报了城商行整体改革的总体思路，计划引进辽宁省金控集团、全国大型优质企业以及中国存款保险基金管理公司作为战略投资者。这意味着届时除盛京银行、锦州银行与大连银行之外的 12 家城商行将统一合并为一家新城商行。

②恒丰银行市场化、法治化资产重组后，经营取得新进展。2019 年末，恒丰银行完成不良资产剥离，引入 1000 亿元战略投资者资金，顺利完成股改建账，资本充足率等核心监管资本均达到监管要求。面临新冠肺炎疫情冲击，新恒丰银行着重化解信用风险、流动性风险、声誉风险和廉政风险，着力强化党的领导和公司治理，通过市场化、法治化和规范化机制稳健经营并取得积极进展，2020 年实现营收约 208 亿元，净利润为 54 亿元。

③蒙商银行和徽商银行承接原有业务及客户，包商银行进入破产程序。2020 年 4 月，蒙商银行筹建申请和开业申请获批，并于 4 月 30 日完成工商登记而设立。蒙商银行是新设立且独立于包商银行的法人主体，定位为城市商业银行。蒙商银行成立后，包商银行总行及内蒙古自治区内各分支机构的相关业务由蒙商银行承接，内蒙古自治区外各分支机构的相关业务由徽商银行承接。2020 年 11 月，包商银行因无法清偿到期债务且资产不足以清偿全部债务，向法院申请破产清算。2020 年 11，银保监会发布公告称，原则上同意包商银行进入破产程序。历时 5 年的包商银行风险事件基本得到妥善处置。

（三）坚持房住不炒破解房地产风险难点

房地产的金融属性体现在三个方面。第一为供给端，开发商需要融资来开发楼盘，形成可售商品；第二为需求端，靠居民借贷购买房产；第三为押品方面，房地产本身具有抵押品的属性，不断升值的房价地价支持了信用的扩张。2020 年以来的监管政策，通过审慎监管的指标设计，压住了房地产业务在金融领域的“两头”，通过“三道红线”与“集中度”的审慎监管，更加有效地控制房地产的金融源头。

1. 明确房地产与金融、实体经济的定位与关系

2020 年 11 月，《中共中央关于制定国民经济和社会发展第十四个五年规

划和二〇三五年远景目标的建议》（以下简称《建议》）以及习近平总书记关于《建议稿》的说明正式发布。《建议稿》首次提及“推动金融、房地产同实体经济均衡发展”，规划建议将房地产与金融、实体经济并列，是高层会议及文件中首次将“金融”与“房地产”放在一起，既反映了我国构建房地产调控长效机制的决心，也反映了长效机制的核心目标。主要体现出两点变化：五年前党的第十八届五中全会公报，没有提到实体经济。而在随后不久发布的“十三五”规划纲要当中虽然有所提及，但分量显得偏轻——“改造提升传统比较优势，夯实实体经济根基，推动社会生产力水平整体改善”。过去的 5 年是夯实实体经济根基，把根基打牢就好了，属于战术领域。未来 5 年是要紧紧围绕实体经济布局，把实体经济视为重中之重，属于战略领域。

中央委员会第五次全体会议公报提及要“加快发展现代产业体系，推动经济体系优化升级。坚持把发展经济着力点放在实体经济上，坚定不移建设制造强国、质量强国、网络强国、数字中国，推进产业基础高级化、产业链现代化，提高经济质量效益和核心竞争力。”这是一个新的表述。这意味着中国不会再回到过去那种大水漫灌、严重依赖房地产和债务推动经济增长的粗放和空心化阶段，通过房地产拉动中国经济的时代已经过去。

以往，房地产或是被纳入实体经济范畴，或是被纳入金融（虚拟经济）范畴，或是将其不同组成部分分别纳入实体与金融范畴。所谓金融空转与脱实向虚，都与实体经济和虚拟经济发展得不匹配有关。众所周知，上一轮经济发展周期中，大量资本没有流向实体经济，反而流向房地产，造成了一系列后遗症：第一，在社会领域，房地产的高杠杆造成贫富分化，先上车的人迅速积累了巨大资产，掉队的人需要耗费几代人的精力才能追赶上，对于阶层流动性，对于社会公平都造成了一定的负面影响。大量的青壮年劳动力要么为首付所困，要么为房贷所困，制约了内需的释放，不利于内循环的构建。第二，在金融领域，高房价的泡沫始终高悬头上，成为今天金融系统性风险当中最大的“灰犀牛”，从而压缩了国内实施扩张性货币政策的弹性空间。第三，在制造业领域，高房价对人才和企业造成了挤压效应，制造业被遏住发展的步伐，产业升级、技术革命都受到了阻碍。中兴危机、华为风波等美国对华科技战中，深刻地反映了脱虚向实的危害。

此次将房地产与金融、实体经济三者相提并论，反映了对房地产的重视。从 2017 年底到 2021 年初，决策层关于房地产的调控思路已经成型并且会长期延续。这一调控思路经历了中美经贸摩擦与新冠肺炎疫情冲击两次考验。未来，如何在风险可控的前提下逐渐消化房地产市场的泡沫与风险，成为值得重点研究的难题。

基于此大致可以认为，高层对金融业和房地产业的倾向性是一致的，即持续遏制房地产金融化、泡沫化，同时判断后续金融业和房地产业的规模和盈利增长均将会受到明显压制（不能超过经济增速过多），并均需要向实体让利。房地产行业正迎来或者说已经迈入实质监管时代。在这种情况下，对房地产行业依赖较大的金融机构将有可能会受到政策层面的多重挤压，即房地产行业授信的资产质量危机、监管层面的信贷结构调整压力以及授信额度上限阻力，当然也会提升商业银行信贷投向主动和优化转型的动力。

2. 房地产企业融资的“三道红线”

2020 年 8 月 20 日，住房和城乡建设部、人民银行在北京召开重点房地产企业座谈会。会议指出，为进一步落实房地产长效机制，实施好房地产金融审慎管理制度，增强房地产企业融资的市场化、规则化和透明度，人民银行、住房和城乡建设部会同相关部门在前期广泛征求意见的基础上，形成了重点房地产企业资金监测和融资管理规则。会议强调，市场化、规则化、透明化的融资规则，有利于房地产企业形成稳定的金融政策预期，合理安排经营活动和融资行为，增强自身抗风险能力，也有利于推动房地产行业长期稳健运行，防范化解房地产金融风险，促进房地产市场持续平稳健康发展。

房地产企业融资的“三道红线”具体来看，一是剔除预收款后的资产负债率大于 70%；二是净负债率大于 100%；三是现金短债比小于 1 倍。根据“三道红线”触线情况不同，试点房地产企业分为“红—橙—黄—绿”四档，以有息负债规模作为融资管理的操作目标，每降低一档，融资规模上限增加 5%。如果“三线”均超出阈值为“红色档”，有息负债规模以 2019 年 6 月底为上限，不得增加。而有两项、一项和没有超出阈值的公司，有息负债规模年增速分别设限为 5%、10%和 15%。

表 4–2　房地产企业分档依据及有息负债规模增速阈值

档位	分档依据	有息负债规模增速阈值（与 2019 年 6 月底相比）
红色档	“三线”均超出阈值	不得增加
橙色档	“二线”均超出阈值	增速不超过 5%
黄色档	“一线”均超出阈值	增速不超过 10%
绿色档	“三线”均未超出阈值	增速不超过 15%

资料来源：国泰君安证券。

据公开报道[①]，监管部门对“明股实债”进行了明确定义，明股实债融资是指“按实质重于形式原则应计入有息负债但计入企业权益的融资，包括但不限于出资机构为金融机构，与投资者约定固定回报或特殊分红条款，试点房地产企业定期进行回购且进行担保或实物资产抵押的股权投资”。

中基协第4号规范认为明股实债“是指投资回报不与被投资企业的经营业绩挂钩，不是根据企业的投资收益或亏损进行分配，而是向投资者提供保本保收益承诺，根据约定定期向投资者支付固定收益，并在满足特定条件后由被投资企业赎回股权或者偿还本息的投资方式，常见形式包括回购、第三方收购、对赌、定期分红等”。此次监管部门对明股实债的定义没有列举具体的表征，如“投资回报不与被投资企业的经营业绩挂钩”“不根据企业的投资收益或亏损进行分配”“保本保收益”“支付固定收益”等，而是突出了“实质重于形式原则”，所谓的实质即应计入有息负债但计入企业权益的融资，根据该原则进行判断，包括中基协第4号规范定义的情况，但比中基协第4号规范外延大大扩展了。

2020年11月，银保监会发布《关于保险资金财务性股权投资有关事项的通知》，规定保险资金开展财务性股权投资，所投资的标的企业不得直接从事房地产开发建设，包括开发或者销售商业住宅。这表明，自此保险资金作为房企“明股实债”投资者已被彻底禁止。

从2020年7月开始，房地产工作座谈会表示要实施好房地产金融审慎管理制度，稳住存量、严控增量，防止资金违规流入房地产市场；到2020年8月，住房和城乡建设部、人民银行增强房地产企业融资的市场化、规则化和透明度，对重点房地产企业进行资金监测和融资管理。

再到2020年9月，银保监会表示将继续开展30多个重点城市房地产贷款专项检查，压缩对杠杆率过高、财务负担过重房企的过度授信等查处力度，以及小额贷款公司贷款不得用于房地产市场违规融资等。

直至2020年10月，银保监会要求继续严控房地产信托规模，严禁通过各类形式变相突破监管要求，严禁为资金违规流入房地产市场提供通道；12月对银行业金融机构房地产贷款占比和个人住房贷款占比做出规定等。

房地产行业融资监管越来越严、条款也越来越多，房企债权类融资如传统项目融资（并购贷、开发贷、土地前融）、短期过桥（信用贷款）、承债式

---

① “三道红线”下房企明股实债怎么做？https：//mp. weixin. qq. com/s/UgwWTtUoJnFjTVkZScw-big。

资产包、限制性资产打包出售（被监管资金、应收款）、产业地产未来收益权质押、境外融资（美元债、境外银团融资）、公开市场标准化融资（信用债、可转债）基本被纳入监管。

严格的监管，让房地产企业不得不将发展依赖经营杠杆。甚至为了能让“三道红线”指标达标，纷纷采取分拆上市、增发、引入战略投资者等股权类融资，从而实现负债下降的目的。

表 4-3　2020 年房企“三道红线”踩线榜

企业名称	触及红线量	剔除预收款后的资产负债率（%）	净负债率（%）	现金短债比	1 年降档变量
恒大	3	83.43	152.89	0.47	0
绿地	3	83.36	140.96	0.79	0
富力	3	76.66	130.19	0.4	0
首开股份	3	74.84	178.56	0.89	0
祥生	2	82.37	136.4	1.1	1
华发股份	2	76.5	181.6	1.11	1
首创	2	74.3	123.6	1.14	0
碧桂园	1	80.53	55.59	1.74	1
万科	1	70.44	18.4	2.21	1
融创	1	78.69	96.2	1.08	2
旭辉	1	72.55	64.04	2.73	0
绿城	1	71.94	63.84	1.83	0
新城	1	74.12	35.61	1.86	0
中南置地	1	79.76	97.27	1.04	2
阳光城	1	78.64	94.9	1.06	1
中梁	1	79.87	65.8	1.09	1
佳兆业	1	69.75	100.54	1.56	1
正荣	1	76.57	64.7	1.81	0
美的	1	77.62	79.33	1.52	0
雅居乐	1	72.26	61	1.09	1
奥园	1	78.86	82.66	1	0
新力	1	73.17	63.36	1.24	2

续表

企业名称	触及红线量	剔除预收款后的资产负债率（%）	净负债率（%）	现金短债比	1年降档变量
蓝光发展	1	72.85	90.89	1.03	0
合景泰富	1	75.11	61.73	1.61	0
荣盛发展	1	73.78	80.18	1.09	1
时代中国	1	78.55	68.31	1.76	0

资料来源：2020年房企年报。

3. 对房地产信贷的集中度管理

2020年12月，人民银行与银保监会联合发布《关于建立银行业金融机构房地产贷款集中度管理制度的通知》，以防范金融体系对房地产贷款过度集中带来的潜在系统性金融风险。房地产贷款集中度管理是指银行业金融机构（不含境外分行）房地产贷款余额占该机构人民币各项贷款余额的比例（以下简称房地产贷款占比）和个人住房贷款余额占该机构人民币各项贷款余额的比例（以下简称个人住房贷款占比）应满足人民银行、银保监会确定的管理要求，计算公式为

房地产贷款占比=房地产贷款余额/人民币各项贷款余额×100%

个人住房贷款占比=个人住房贷款余额/人民币各项贷款余额×100%

结果以人民银行和银保监会的要求孰严为准。

表4-4 人民银行和银保监会监管统计口径

监管部门统计口径差异		人民银行	银保监会
分子	MBS	有	无
	经营性物业贷款	无	有
	房地产并购贷款	无	有
	保障性住房	无	有
分母	非银拆放	有	无
	同业借款	有	无

2020年12月末，银行业金融机构房地产贷款占比、个人住房贷款占比超出管理要求，超出2个百分点以内的，业务调整过渡期为自本通知实施之日起2年；超出2个百分点及以上的，业务调整过渡期为自本通知实施之日起4年。房地产贷款占比、个人住房贷款占比的业务调整过渡期分别设置。

表 4-5　银行业金融机构贷款占比上限

单位：%

银行业金融机构分档类型	房地产贷款占比上限	个人住房贷款占比上限
第一档：中资大型银行		
工商银行、农业银行、建设银行、中国银行、交通银行、邮储银行	40	32.50
第二档：中资中型银行		
农发行、进出口银行 招商银行、浦发银行、中信银行、兴业银行、民生银行、光大银行、华夏银行、广发银行、平安银行、恒丰银行、浙商银行、渤海银行 北京银行、上海银行、江苏银行	27.50	20
第三档：中资小型银行和非县域农合机构		
城市商业银行、民营银行 大中城市和城区农合机构	22.50	17.50
第四档：县域农合机构		
县域农合机构	17.50	12.50
第五档：村镇银行		
村镇银行	12.50	7.50

4. 防范资金违规流入房地产

近年来，虽然房地产供给端的融资需求卡得比较紧，但房地产仍被银行视为比较安全的资产，个人住房贷款投放有所加速。人民银行公布的 2018 年至 2020 年间房地产贷款数据显示，2020 年个人住房贷款季均增长约 1.06 万亿元，较 2019 年数据虽有所下降，占各项贷款比重约为 19.7%，高于 2018 年的 18.6%和 2019 年的 19.3%。此外，还有一些个人经营贷违规流入房地产行业。

2021 年 3—4 月，北京银保监局数据显示，辖内银行对 2020 年下半年以来发放的个人经营性贷款等业务合规性开展自查，自查发现涉嫌违规流入北京房地产市场的个人经营性贷款金额约 3.4 亿元，约占经营性贷款自查业务总量的 0.35%。上海银保监局数据显示，辖内 16 家银行开展了经营贷、消费贷违规流入房地产市场专项稽核调查，已发现 123 笔、3.39 亿元经营贷和消费贷涉嫌被挪用于房地产市场。深圳银保监局和人民银行深圳市中心支行两家监管机构的数据显示，监管共对辖内中资商业银行 15.4 万笔、1771.73 亿元经营贷进行了全面排查，发现21笔、5180万元涉嫌违规贷款，提前收回，处罚违规机构4家，处罚问责违规责任人14人次，处罚金额合计575万元。

表4-6　2020年中国主要宏观经济指标预测表　　单位：万亿元，%

项目	2020年第一季度	2020年第二季度	2020年第三季度	2020年第四季度
各项贷款余额	160.21	165.2	169.37	172.75
房地产贷款余额	46.2	47.4	48.8	49.58
各项贷款占比	28.84	28.69	28.81	28.70
个人住房贷款占比	31.2	32.5	33.7	34.44
各项贷款占比	19.45	19.68	19.89	19.94

2021年3月，中国银保监会办公厅、住房和城乡建设部办公厅、中国人民银行办公厅联合发布《关于防止经营用途贷款违规流入房地产领域的通知》，要求从加强借款人资质核查、加强信贷需求审核、加强贷款期限管理、加强贷款抵押物管理、加强贷中贷后管理、加强银行内部管理等方面，督促银行业金融机构进一步强化审慎合规经营，严防经营用途贷款违规流入房地产领域。同时要求进一步加强中介机构管理，建立违规行为“黑名单”，加大处罚问责力度并定期披露。下一步，银保监会、住房和城乡建设部以及人民银行将密切沟通协作，坚决打击经营用途贷款违规流入房地产市场的违法违规行为。

该通知提出了几条监管“高压线”：不得向无实际经营的空壳企业发放经营用途贷款。对企业成立时间或受让企业股权时间短于1年，以及持有被抵押房产时间低于1年的借款人，要进一步加强借款主体资质审核。密切关注借款人第一还款来源，不得因抵押充足而放松对真实贷款需求的审查。不得向资金流水与经营情况明显不匹配的企业发放经营性贷款。一旦发现贷款被挪用于房地产市场的将立刻收回贷款，压降授信额度。对存在协助借款人套取经营用途贷款行为的中介机构，一律不得进行合作。

（四）厘清边界整顿关键市场金融秩序

1. 大力遏制非法集资

2020年12月21日召开的国务院常务会议通过了《防范和处置非法集资条例（草案）》，规定省级政府对本行政区域内防范和处置非法集资工作负总责，草案对非法集资的行政、刑事责任和资金清退、非法集资参与人应承担的后果等做了严格规定。草案还规定地方各级政府、金融机构等要加强对防范非法集资的宣传教育，增强社会公众对非法集资的防范意识和识别能力。

这一文件弥补了 P2P、互联网金融等民间金融行为的法律监管空白。草案明确有以下行为，应当进行非法集资行政调查，其他有关部门应当予以配合：（1）设立互联网金融企业、资产管理类公司、投资咨询类公司、各类交易场所或者平台、农民专业合作社、资金互助组织以及其他组织筹集资金的；（2）以发行或者转让股权、募集基金、销售保险，或者以从事理财及其他资产管理类活动、虚拟货币、融资租赁、信用合作、资金互助等名义筹集资金的；（3）以销售商品、提供服务、种植养殖、项目投资、售后返租等名义筹集资金的；（4）无实质性生产经营活动或者虚构资金用途筹集资金的；（5）以承诺给付货币、实物、股权等高额回报的形式筹集资金的；（6）通过报刊、电视、电台、互联网、现场推介、户外广告、传单、电话、即时通信工具等方式传播筹集资金信息的；（7）其他违法筹集资金的情形。此外草案还明确了非法集资平台的清退资金来源，即①非法集资的资金余额；②非法集资资金的收益、转换的其他资产及其收益；③非法集资人藏匿或者向关联方转移的资产；④非法集资人的出资人、主要管理人、其他直接责任人从非法集资中获取的经济利益；⑤非法集资协助人为非法集资提供帮助而获得的收入，包括咨询费、广告费、代言费、代理费、佣金、提成等；⑥依法应当纳入清退资金来源的其他资产。

2. 加强整顿区域交易场所和私募监管

近年来，金融资产类交易场所（以下简称金交所）在满足地方经济发展需求等方面发挥了一定的积极作用，但也存在盲目扩张、违规经营等突出问题，为了防范金融风险，规范金交所的行为，证监会在 2020 年先后印发了多个政策文件。

2020 年 9 月，证监会发布了《关于进一步做好金融资产类交易场所清理整顿和风险处置工作的通知》，明确提出以下几点要求：（1）未经批准，不得备案、发行、销售金融产品或者私募基金产品。不得为网贷平台、房企、金融机构、融资租赁等公司融资或者进行业务合作。（2）不得向个人销售或变相销售产品，已经销售的必须逐步清理。（3）不得异地开展业务，以省（直辖市、自治区）为范围限定。（4）严禁为股东或者关联方提供自融或者担保。（5）存量金交所严格执行清理整顿，同时不得新增。（6）受疫情影响，延迟原清理整顿截止时间。

2020 年 12 月，证监会官网披露了“清理整顿各类交易场所部际联席会议第五次会议”的有关内容，并指出“地方金交所登记备案、挂牌交易的非标债务工具总体风险较高，要督促辖内金交所严守业务边界、稳妥压缩金交所数量，严格落实金交所不得向个人销售产品、不得跨区域展业的底线要求，同时也要防控区域性股权市场、产权交易机构等其他类型交易场所开展高风险的非标债务工具融资业务。稳妥推进商品类交易场所风险处置工作，解决其数量过多、重复建设、合规业务模式不完备、违规频发甚至涉嫌非法期货违法犯罪活动等问题”。

我们从以上政策文件可以看出，主要政策导向是禁止跨区域经营和保持私募属性，特别是自 2020 年 11 月以来，北京、广西、湖南、山东等多地金融监管局发布风险提示，明确“外省金融资产交易场所未经批准跨区展业属违规经营”，各地在批评地方金融资产交易所时直接点名天津金交所、武汉金交所等。

2021 年 1 月，证监会在经过多轮社会公开征求意见后，正式发布了《关于加强私募投资基金监管的若干规定》（以下简称《规定》）。《规定》形成了私募基金管理人及从业人员等主体的“十不得”禁止性要求。主要内容如下：一是规范私募基金管理人名称、经营范围，并实行新老划断。二是优化对集团化私募基金管理人监管，实现扶优限劣。三是重申私募基金应当向合格投资者非公开募集。四是明确私募基金财产投资要求。五是强化私募基金管理人及从业人员等主体规范要求，规范开展关联交易。六是明确法律责任和过渡期安排。

3. 网络借贷领域风险持续收敛

互联网金融风险专项整治及互联网借贷风险监管取得决定性成果。2020 年全国网络借贷等互联网金融领域风险持续收敛。多地成立工作专班，指导督促有关重点网贷机构做好转型工作，加快清退进度。网贷机构的机构数量、借贷规模和参与人数连续 28 个月下降，网络借贷领域风险持续收敛，专项整治工作取得实质性成效。全国实际正常运营的网贷机构从最高峰的 3000 多家压缩下行，截至 2020 年 11 月中旬实际运营网贷机构已完全归零。

二、进一步深化改革可关注的重点问题

1. 资本债互持影响压力时期风险吸收效果

自《关于规范商业银行理财业务投资运作有关问题的通知》等文件下发后，银行此前较多开展的银证理财融资业务（SOT）及同业业务受到种种限制。其中之一便是有关业务的资本占用逐渐增加，而这也直接导致了部分银行出现资本金匮乏的情况。面对资本金需求，多家银行通过发行二级资本债

补充附属资本的活动也随之增多，而通过资管计划实现二级资本债“互持”的方式也应运而生。在“资本债互持”模式下，其实质是银行以理财资产中的“非标（非标准化债权）额度”来换取二级资本的“虚增”。“资本债互持”模式的具体操作方式表现为：A 银行以自营资金或同业资金投资信托计划或券商资管计划，再以后者为通道对接事先协议好的 B 银行发行的二级资本债；与此同时，B 银行也以同样方式投资 A 银行所发行的二级资本债。之后，两家银行再各自发行理财产品，以理财资金为投资于彼此二级资本债的资管计划“接盘”，从而将该类投资从表内腾挪至表外。由于该业务需以理财资金对接单一信托或资管计划方能完成，因此理财资金对二级资本债的投资也属非标投资；而根据 8 号文要求，该业务将对理财业务的非标额度构成占用。“一般银行是把非标转化成标准化债权，比如用私募债或者证券化的方式。”这个业务与其相反，是把标准化转成非标，本质上则是用非标额度创造二级资本。监管部门下发的《关于完善商业银行资本补充机制的通知》要求各银行在计算资本充足率时，需扣除对次级债的“互持”部分。

2. 风险承担责任边界仍待厘清

风险承担责任边界的核心问题本质是由投资人还是由金融机构来承担风险。从风险承担的角度看，金融资产并不是由谁持有，就由谁承担风险。有些资产对持有者而言风险很低，如储蓄存款，有存款保险制度等保障，风险基本是由金融部门来承担的（其主要部分最终由政府承担）。

再比如，对理财和信托的风险测算，本来应当是一个风险分散的过程，因为这是委托投资的关系，风险由委托者承担。但是对于理财和信托，考虑到刚性兑付尚未完全打破，假定其中 80% 的风险由金融机构承担。随着理财等刚性兑付逐步打破，未来风险承担情况会发生变化。

3. 加强对房地产金融的管理

房地产的差异化特征越来越明显，金融往往是总量型的，如何管理资金流动存在一定矛盾，应加强对房地产市场融资状况的全面监测，按照“因城施策”的原则，强化对房地产金融的逆周期宏观审慎管理，监测居民债务收入比和房地产贷款的集中度。对房地产融资状况的全面监测，既包括金融部门对房企融资的监测，也包括“三道红线”制度要求房地产上报的融资情况。房地产宏观审慎管理主要是针对金融系统涉房企的融资。

4. 加强监管科技运用

科技与金融业的全方位融合使金融创新空前加速，创新型金融业态、金融产品和服务层出不穷，金融创新在一定程度上已经超过金融监管能力范围，形成了很多监管灰色地带，这导致金融风险爆发概率上升。监管科技的产生不仅能克服传统监管模式的弊端，增强金融监管的专业性、统一性和穿透性，重塑现有监管体系，建立与当前新金融、新技术、新业态相适应的监管体系，有助于防范化解金融风险。通过发展监管科技，持续监测金融风险，实现早发现、早预警，降低金融风险的处置成本，是提升监管效能的必由之路。总体来看，我国监管科技发展取得长足进步，监管机构对监管科技发展已经有明晰规划，监管科技相关的指引和规划不断完善，日常工作中也广泛借助大数据、云计算等技术，提高分析和监测效果。但我国监管科技的快速发展依然受到人才、标准、基础设施等多方面的制约。未来，监管科技将紧贴被监管对象，向穿透监管、智能监管、实时监管及全链条监管转变。为全方位符合监管要求，推动监管科技高质量发展，需进一步拓展生态、夯实基础、健全体系并推动数据治理。

5. 完善中央和地方金融监管协调机制

金融监管职责在中央和地方之间的分配，是金融监管体制的重要内容。建立中央和地方金融监管协调机制作为一项重要的金融供给侧结构性改革，需要在实践中不断探索和健全。一是如何进一步强化中央金融政策在地方的有效实施，加强信息沟通和共享。目前，地方获得中央金融管理部门具体政策文件和信息仍然不够及时，政策理解的全面性和准确性有待加强，地方对及时掌握中央涉及地方金融工作的政策的愿望十分迫切。我们在实践中也发现，协调机制的信息共享程序较为烦琐，统计口径多样，应用范围和共享范围较窄，信息综合运用的效果不佳，亟待解决。二是如何进一步加强中央和地方对新兴金融业务的协调合作，堵塞监管漏洞。中央经济工作会议要求，金融创新必须在审慎监管的前提下进行。当前，一些地方金融机构依托科技手段实现全国展业、突破原有地域范围，经营波动性和风险外溢性大幅增加，对此原有的地方金融监管明显不足，需要在充分调查研究的基础上制定和完善监管政策，加强中央垂直监管与地方属地监管之间的协调，共同做好金融新业态的风险防范。三是如何进一步提高金融风险认识水平，完善金融风险处置机制。我国宏观经济基本面长期向好，但面临新冠肺炎疫情冲击和经济下行压力，不确定和不稳定因素较多，信用风险、流动性风险隐患等不容忽视。要防止一些短期化倾向，防止对金融风险“捂盖子”。维护市场主体自主经营，坚决杜绝逃废金融债务。合理分配金融监管资源，加强在私募基金、地方金融交易场所等方面的统筹协调。同时，要研究加强对地方金融监管的评估和督导，对金融风险形成和处置中的不当履职及时纠偏问责。

三、改革展望

习近平总书记曾这样简述经济与金融的关系："金融活，经济活；金融稳，经济稳。经济兴，金融兴；经济强，金融强。"如果以生命体为喻，则经济是肌体，金融是血脉，两者共生共荣。站在"十四五"规划的开端之年，如何进一步巩固防范化解金融风险的成果仍是未来工作的重中之重，而巩固防范化解金融风险成果的根本性任务就在于防止发生系统性金融风险。

1. 防范化解金融风险要把牢为实体经济服务的发展方向

经过一段时间的整顿治理，金融领域脱实向虚的势头已得到明显的遏制，站在新的改革起点，仍要继续坚持金融服务于实体经济，将金融资源配置到经济社会发展的重点领域和薄弱环节。金融的宗旨在于服务，并在服务实体经济中获得自身的发展，要改善现有的融资机构，降低融资成本，加快普惠金融体系的完善，要加大金融对中小微企业、"三农"、基础设施建设、"绿色"产业等重点领域的服务力度，让金融更好地支撑关键领域发展。要紧贴企业生产经营，抓住市场新趋势、新机遇，支持经济发展重点领域和薄弱环节，使金融服务与实体经济相互促进、健康发展。

2. 防范化解金融风险要完善细化监管标准，精准施策

防范化解金融风险的关键在于要细化监管标准，根据金融机构的不同情况精准施策。一方面，各监管部门要根据已有的国际评估办法及国内相关规定，明确系统性金融机构的评价方法和评价标准。系统性金融机构因其业务覆盖面广泛，波及范围大，因此其具有"大而不能倒"的特征。一旦系统性金融机构出现风险，其将给整个金融市场造成动荡。所以，各监管部门要结合已有的国际经验，将业务规模、资产总量等各个因素进行细化，明确我国系统性金融机构的评价标准。在明确评价标准以后，要对其股东资质、经营行为等提出更严格的要求。同时，要定期对系统性金融机构名单进行动态调整，既要审慎认定系统性金融机构，又要严格系统性金融机构的监管标准。另一方面，各监管部门要加强信用体系建设，信用风险是金融机构的特有风险，也是金融机构最常见的风险，监管部门要将金融机构的信用评价标准纳入监管系统，根据各金融机构的信用情况，施加不同的监管政策。

3. 防范化解金融风险要加强金融机构公司治理机制建设

公司治理机制建设是金融机构发展的重中之重，只有规范的公司治理结构，才能使之形成有效的自我约束，进而树立良好的市场形象，获得社会公

众的信任，实现健康可持续发展。为了规范金融机制的公司治理行为，各监管部门在 2020 年出台了一系列监管细则，为金融机构加强公司治理指明了方向。但加强金融机构公司治理机制不是一蹴而就的，要久久为功，共同努力。对金融机构来说，一是要加强公司内部的“三会一层”建设，要严格划分股东会与董事会的责任边界，保持董事会及其下属专业委员会的独立性，同时监事会也要尽职履责，对于公司治理违法行为要早发现，早建议。二是金融机构要设立股权激励计划及健全薪酬管理外部监督机制，选拔更具专业能力及高素质的管理层。三是金融机构要结合自身情况制定合适的发展战略，要摒弃一味追求规模扩张的经营思路，突出质量、风险、合规指标。从金融监管部门角度看，需要以更加有效的手段推进公司治理监管工作落到实处。一是完善顶层制度设计，做好监管规则的“查漏补缺”。二是继续加大金融反腐力度，起到震慑效果。三是加快清理规范金融企业股权关系，大力提高股东违法成本，切实约束股东行为等。四是推动金融机构“三会一层”尽职归位，严肃追究不履职、不当履职和不当激励等行为责任。

4. 防范化解金融风险要合理把握金融创新与风险防控的关系

金融创新有利于满足金融消费者多层次、个性化需求，有利于支持实体经济发展，也要有利于金融风险防范。对于不当创新、过度创新等行为，监管部门要加强监督检查，及时发现制止。对于假创新、伪创新现象更要及早揭露，及时处罚。把握好金融创新与风险防范的关系，需要深化金融体制改革，提高金融服务效率。改革也是创新，能够突破一些体制、机制藩篱，有效防范和化解积累的风险和矛盾。深化金融改革，是金融体系逐渐完善、金融生产力充分发挥、金融风险有效化解的关键所在。过去 10 余年，随着一系列里程碑式改革的推进，金融业的整体实力和抵御风险能力明显提高。但不可否认，当前金融体系的结构性矛盾与潜在风险依然存在，因此要进一步加大改革创新力度，优化金融资源，防范和化解金融风险。当然，积极稳妥地推进改革，需要正确处理深化改革与风险防范的关系，通过改革更好地发挥市场配置资源的决定性作用，显著提高金融体系效率。把握好金融创新与风险防范的关系，需要扎紧制度的笼子，实现金融风险监管全覆盖。随着金融业创新步伐的不断加快，新的金融产品层出不穷，金融活动的形式日益复杂多样，金融风险的表现形式也更加多样化、隐蔽化和复杂化，这导致监管真空、监管掣肘等问题日益显现，也对传统监管体系以及宏观审慎管理提出了新的要求。因此，实现监管全覆盖，坚决守住风险底线，成为金融工作的重点。这就需要加快改革和完善现代金融监管体制，提高金融服务实体经济效率，实现金融风险监管全覆盖。同时，还要进一步扎紧制度笼子，筑牢风险“防火墙”。

5. 防范化解金融风险要建立健全风险化解机制，将风险化解关口前移

新形势下的金融风险化解机制需改变之前的“提款箱”等被动化解的模式，既要将风险化解关口前移，同时还要提供风险化解的主动性。一方面，各监管部门要重视风险监测评估工作，推动关口前移。要结合各金融机构的信用评级情况，建立季度、年度监测制度，实现对金融机构的动态监管，如果金融机构的相关信用指标连续低于行业平均水平，要及时发送风险提示函，约谈高管。除了建立动态监测制度外，也要出台相关的法律法规，完善金融机构的信息披露及重大事项审批制度，对于涉及的重大资金变动、主要股东变动、关联交易等情形，要督促金融机构及时披露、及时报批。同时，要适当将现有的风险化解措施的实施时间予以前置，对于存在较大兑付风险的金融机构，各监管部门要尽早介入，通过接管、提供保障基金等方式化解相关风险。另一方面，各监管部门及金融机构也要加强对重点风险领域和重点行业的监测。各监管部门可以探索设立专门的金融风险监测中心，各监测中心要善于利用人工智能、大数据等技术手段从海量信息中筛选出高危、高风险信息，及时发出预警并进行深入剖析，尤其是要重点关注辖区范围内的互联网金融平台、融资担保公司等。各金融机构要对辖区内产能过剩产业、房地产产业、民间融资开展调研，提前做好风险研判和预警。

6. 防范化解金融风险要加强金融消费者教育和保护

近年来，随着我国金融行业的快速发展和金融产品的不断创新，我国金融消费者教育和保护的需求不断增加。2020 年，“原油宝”等产品的爆仓反映了我国金融消费者的教育和保护力度仍需进一步加强。在新的改革起点，我们可以从以下几个方面加强金融消费者教育和保护工作：一是要加强投资者教育。要加强金融知识普及，让城乡居民都懂得，投资是有风险的，世界上没有高回报低风险的金融产品，更没有所谓“稳赚不赔”的理财项目，宣扬“保本高收益”就是金融诈骗。二是要加强金融机构人员队伍建设。从已发生的金融消费者诉讼案件来看，不少案件是由于金融机构销售人员未做合理提示、虚假陈述等行为引发的，“打铁还需自身硬”，要加强金融机构人员队伍建设，引导相关人员对金融产品有全面、准确的认识。同时，加强金融机构队伍建设还需进一步规范金融产品销售过程，对于目前使用较多的直播带货、智慧金融 App 等渠道，各金融机构要规范自身的销售行为，要善于借助科技对金融产品进行全方位、立体的展示，要在相关合同条

款中重点向金融消费者提示金融产品的性质、风险等内容。三是要畅通金融消费者投诉渠道及保护机制。各监管部门要把好金融机构的市场准入关，要加大对金融机构的股东、过往风险等内容的审核力度，把好金融风险防控的第一关。各金融机构或运营平台既要强化信息披露，同时也要畅通金融消费者投诉渠道，通过 ODR 等形式，合理化解金融消费纠纷。对于法院等司法部门，要进一步细化代表人诉讼、集体诉讼的操作规程，明确金融集体诉讼案件的受理部门、审理时限，争取又好又快化解金融争议纠纷。

第五章　专题

第一节　深化资本市场改革

随着供给侧结构性改革的深入，资本市场的枢纽作用越发凸显。为打造一个规范、透明、开放、有活力、有韧性的资本市场，中国证监会于2019年9月明确提出资本市场全面改革的12项重点任务，12项重点任务涉及交易市场建设、市场短板补齐、中介机构能力建设、风险化解、投资者保护等各个方面。2019年以来，以注册制改革为重点的各项资本市场改革持续深入推进，为建立高质量资本市场，更好地服务实体经济奠定了坚实基础。

一、主要改革政策举措

（一）稳步推进注册制改革

1. 设立科创板并试点注册制

2018年11月，习近平总书记在中国进口博览会上宣布在上海证券交易所设立科创板并试点注册制改革，为资本市场实施注册制改革拉开了序幕。2019年3月，证监会发布了《科创板首次公开发行股票注册管理办法（试行）》，随后上海证券交易所等陆续发布了一系列业务规则，对科技企业发展和注册制发行进行了制度调整，为科创板股票注册制发行提供了规则保障。2019年6月，科创板正式开板，首批公司于7月正式上市交易。截至2020年底，科创板上市公司200多家，市值合计约3.4万亿元，IPO融资合计超过3000亿元。上市公司的科创属性和成长性较为明显，2020年全年，科创板上市公司研发支出总计约384.79亿元，同比增长约23.06%，研发支出总额在营业收入中的占比约为12.07%。

设立科创板并试点注册制作为一项增量改革，有力地引领了资本市场发行、上市、信息披露、交易、退市等方面的基础制度改革，提高了资本市场服务科技创新和推动经济高质量发展的能力。一方面，注册制改革提高了对上市公司的包容性，一些盈利不多甚至仍然处于亏损状态的企业，红筹企业或者具有 VIE 架构和特殊股权结构的公司都获得了资本市场服务的机会，这对科技创新创业起到了激励作用。建立更为严格的退市制度，优化退市流程。另一方面，强化以信息披露为核心的上市审核规则，审核效率得到显著提高。取消新股发行的市盈率上限，放宽涨跌幅限制，这使股票市场化定价能力进一步增强，市场活力得到提升。信息披露制度进一步完善，明确信息披露主体要求，充分披露信息并揭示风险。强化中介机构责任，加强上市公司持续监管。对公司高管和核心人员等的减持以及股权激励做出针对性安排。

2. 创业板注册制改革和新三板改革

2020 年 4 月，中央全面深化改革委员会第十三次会议审议通过《创业板改革并试点注册制总体实施方案》。随后《创业板首次公开发行股票注册管理办法（试行）》等注册制相关制度规则开始向社会公开征求意见。经过意见整合之后，相关制度规则于 2020 年 6 月正式发布落实，包括证券交易所、中证登和证券业协会在内的多个部门共发布约 40 个相关配套规则，为创业板注册制改革和试点运行奠定了坚实基础。创业板注册制改革借鉴科创板改革的经验，并进一步优化了保荐机构相关子公司跟投等制度。同时放宽了创业板股票涨跌幅限制，体现出“存量+增量”改革的特点。

此外，2021 年 2 月，经证监会批准，深交所正式启动主板与中小板合并相关准备工作，之后，正式合并两板。注册制和主板中小板合并改革的落地，进一步优化了公开市场结构，有助于形成良性的多层次资本市场生态。

在推动注册制改革的大趋势下，新三板继沪深证券交易所之后也展开了全面改革。2020 年 10 月，证监会宣布将从优化发行融资制度、完善市场分层等五个方面对新三板进行全面改革。具体包括允许符合条件的创新层企业向不特定合格投资者公开发行并在精选层挂牌制度，优化定向发行制度；分层次降低投资者门槛，实施差异化投资者准入制度，引入公募基金等长期资金，明确 QFII、RQFII 投资挂牌股票的具体安排；精选层实施连续竞价，提高基础层、创新层集合竞价撮合频次；发布新三板挂牌公司向创业板转板上市办法，在精选层挂牌一定期限，且符合交易所上市条件和相关规定的企业，可以直接转板上市，加强多层次资本市场有机联系。完善分层次差异化的公司监管安排等。截至2020年末，新三板存量挂牌公司为8000多家，有效拓宽了资本市场服务企业的覆盖面。投资者群体显著扩大，2020年末新三板合格投资者数量共计约170万，约为2019年末的7倍多。

（二）完善资本市场基础制度

1. 新证券法实施，奠定了基础性法治保障

2019年12月，修订后的《中华人民共和国证券法》审议通过，并于2020年3月1日起施行。该法涉及全面推行证券发行注册制度、提高证券违法违规成本、完善投资者保护制度、完善信息披露制度、优化证券交易制度、落实“放管服”改革要求、压实中介机构市场“看门人”法律职责、建立健全多层次资本市场体系、加强监管执法和风险防范、扩大证券法的适用范围等多个方面。此外，对上市公司收购、证券公司业务管理、证券登记结算和跨境监管协作等制度也做了明确规定。体现了适应证券发行注册制改革的需要，对推动完善资本市场基础制度，全面深化改革具有巨大的推动作用。

2020年12月，第十三届全国人大常委会第二十四次会议审议通过了《中华人民共和国刑法修正案（十一）》，扩大了欺诈发行的证券和责任主体范围，大幅提高了相关责任人的刑期和罚金上限，加大了对信息披露造假、操纵市场等行为的刑事惩罚力度，同时强化了评估、审计、财务、法律等中介机构的刑事法律责任。该法与新修订的《证券法》相衔接，对惩治金融违法犯罪行为，净化资本市场环境，保护中小投资者合法权益具有重要意义。

2. 完善并购重组、再融资和信息披露、投资者保护等基础制度

近年来，证券监管部门落实“放管服”改革要求，对涉及上市公司日常监管及并购重组审核等规章制度进行清理、整合，行政监管质效得到提升。2019年，中国证监会发布《关于修改〈上市公司重大资产重组管理办法〉的决定》和《上市公司分拆所属子公司境内上市试点若干规定》。进一步提高资本市场资源配置效率。2020年，证监会发布了《关于修改〈上市公司证券发行管理办法〉的决定》《关于修改〈创业板上市公司证券发行管理暂行办法〉的决定》以及《关于修改〈上市公司非公开发行股票实施细则〉的决定》，同时也公布了《发行监管问答——关于引导规范上市公司融资行为的监管要求》，增强再融资灵活性。一是放宽发行条件，让更多企业可以在创业板获得再融资服务。二是调整非公开发行股票定价和锁定期等限制性规定，支

持上市公司引入战略投资者。三是延长再融资批文有效期，增强企业融资便利性。随后，证监会宣布对上市公司再融资实施分类审核，最近连续两个信息披露工作考评期评价结果为 A 的主办上市公司在申请非公开发行股票时将予以快速审核，进一步便利上市公司再融资。

信息披露是注册制改革的核心，也是上市公司监管工作的重点。2020 年 3 月，证监会发布《上市公司信息披露管理办法（修订稿）》。一是完善公平披露制度，细化自愿披露的规范要求，降低信息披露成本，明确信息披露义务人的范围等。二是明确定期报告的内容，完善上市公司董监高异议声明制度等。三是细化临时报告要求，补充完善重大事件的情形，完善上市公司重大事项披露时点。四是增加内幕信息知情人登记管理制度、董监高对外发布信息的行为规范要求。五是完善监督管理措施，提升信息披露监管执法效能。

2020 年 7 月，最高人民法院发布《关于证券纠纷代表人诉讼若干问题的规定》，强化了证券违法民事赔偿的功能作用，有助于提高证券市场违法违规成本，意味着符合中国国情的具有中国特色的证券集体诉讼制度初步建立。除此之外，证监会也对投保机构、登记结算机构等单位参加特别代表人诉讼的行为进行了总体规范。目前，新修订的《证券法》规定的终止调查制度、先行赔付制度、证券支持诉讼制度、股东代表诉讼制度以及证券代表人诉讼制度等都涉及投资者赔偿，形成了多层次的投资者保护法规体系。

3. 丰富资本市场产品体系

为支持基础设施建设，盘活存量资产，形成投资良性循环，吸引更专业的市场机构参与运营管理，提高投资建设和运营管理效率，缓解债务风险，2020 年 4 月，证监会和发展改革委就基础设施领域不动产投资信托基金试点工作发布通知，借鉴成熟的国际经验，在现行法律法规框架下，在仓储物流、收费公路等交通设施，水电气热等市政工程，城镇污水垃圾处理、固废危废处理等污染治理项目，信息网络等新型基础设施，以及国家战略性新兴产业集群、高科技产业园区、特色产业园区等重点领域以个案方式先行开展基础设施 REITs 试点。基础设施 REITs 是国际上较为成熟的产品，此次国内结合自身法律和实体经济特点，稳步推出试点，不但丰富了实体经济融资的渠道，也进一步优化了资本市场的产品结构。

同时，政府大力支持信用债券融资，政策面放松了县城新型城镇化建设专项企业债券、短融、超短融、中票以及券商次级债等部分债券品种的发行要求，为新型城镇化建设注入了一剂强心针。

2020年，中国期货市场品种进一步丰富，期货期权产品体系更加完善，全年一共上市了短纤期货、国际铜期货、棕榈油期货4个商品期货品种和8个商品期货期权品种。此外，2020年10月，广州期货交易所筹备组成立，未来期货品种进一步丰富，对资本市场服务粤港澳大湾区战略和“一带一路”倡议具有重要意义。

（三）进一步提高对外开放水平

近年来，资本市场对外开放加速，QFII、RQFII投资额度限制取消，MSCI、富时罗素、标普、道琼斯相继增纳A股，陆股通交易活跃。2019年末，A股产业资本、政府持股、境内投资机构、境外投资机构和个人投资者持股占比分别为43.0%、11.6%、10.2%、4.4%、30.8%，其中境外机构投资者进入A股市场明显加速。截至2020年底，外资持有境内债券和股票市值10542亿美元，是2015年末外资持有规模的4.7倍。截至2020年底，我国债券已被全球三大主要债券指数提供商正式纳入或宣布纳入相关指数。

1. 深化市场互联互通

2019年6月，中日ETF互通产品成功上市，上海证券交易所和日本交易所集团正式启动中日ETF互通。2019年6月17日，沪伦通正式启动，沪伦通下首只全球存托凭证（GDR）产品同日在伦交所挂牌交易，中国与英国的资本市场之间实现联通。2020年6月17日，第二家中国企业发行GDR，通过沪伦通挂牌。继沪港通、深港通和债券通、基金互认等措施之后，2020年8月，证监会批准2只深港ETF互通产品注册，对支持粤港澳大湾区金融发展，深化资本市场对外开放具有重要意义。

2. 优化QFII/RQFII制度

2019年9月，经国务院批准，国家外汇管理局决定取消QFII和RQFII投资额度限制。2020年9月，国家外汇管理局发布公告，决定取消QFII和RQFII总额度限制，单家境外机构投资者额度备案和审批以及人民币合格境外机构投资者试点国家和地区限制。另外，证监会、人民银行和国家外汇管理局发布《合格境外机构投资者和人民币合格境外机构投资者境内证券期货投资管理办法》，证监会同步修改相关配套规则，包括将QFII、RQFII资格和制度规则合二为一并简化申请审批等行政程序；扩大QFII、RQFII可投资证券范围，新增新三板挂牌证券、私募投资基金、金融和商品期货、期权等，以及债券回购、交易所融资融券、转融通证券出借。

3. 取消外资金融机构持股比例限制

国务院于2020年决定取消证券、基金管理、期货公司的外资股比限制，比预定时点提前了一年。2019年3月和12月，两家外资控股的证券公司获批成立；6月和12月，首家外资相对控股和绝对控股的基金公司相继成立。2020年4月1日起已取消证券基金公司外资持股比例限制，目前中国内地获批的外资控股证券公司已达8家，其中6家已落地，并且首家外资全资基金公司、首家外资期货公司也已落地。

（四）落实“零容忍”，加强违法违规行为监管

金融委会议多次强调“坚决打击资本市场各种造假和欺诈行为”。证监会对财务造假、内幕交易、操纵市场等违法违规行为进行严厉打击，加大对造假的上市公司、中介机构和个人的处罚。2019年以来，严厉打击上市公司财务造假的情况，累计对几十家上市公司财务造假行为立案调查，对多起典型案件做出行政处罚，向公安机关移送财务造假涉嫌犯罪案件数起。2020年，证监会全年共办理案件七百余起，其中新启动调查三百多件，办理重大案件八十多件，同比增长约34%；全年向公安机关移送及通报案件线索一百多件，同比增长一倍，打击力度持续强化。

一批重点违规事件受到严厉惩罚。2020年5月，证监会对康美药业做出处罚及禁入决定；5月，证监会发布关于兆新股份年度报告相关事项的声明，第一时间下发监管关注函、约谈相关责任人，并采取责令改正的行政监管措施；7月，证监会通报关于瑞幸咖啡财务造假调查处置工作情况，会同财政部、市场监管总局等部门，依法对瑞幸咖啡境内相关公司及主体涉嫌违法违规行为进行了立案调查，同时根据已有机制安排，配合开展跨境协查；9月，证监会与公安部联合对13起上市公司相关主体涉嫌财务造假等证券犯罪案件的查办进行部署，涉及上市公司财务造假、隐瞒重大关联交易等涉嫌违规披露、不披露重要信息犯罪；大股东、实际控制人和董事、监事、高级管理人员操控上市公司违规向关联方无偿提供巨额资金、担保等违法犯罪行为。

二、进一步深化改革可关注的重点问题

构建以国内大循环为主体、国内国际双循环相互促进的新发展格局，需要强化资本市场枢纽作用，但还需在以下几个重点领域进一步加强：

1. 进一步提高资本市场适应性、普惠性

进入新发展阶段，提高直接融资比重，进一步健全多层次资本市场体系，增强直接融资的包容性，提高服务实体经济的能力，成为推动经济高质量发展的必然要求。中国证监会主席易会满指出，形成适应不同类型、不同发展阶段企业差异化融资需求的多层次资本市场体系，增强服务的普惠性，是提高直接融资比重的关键。目前，我国企业资本规模及企业数量庞大，民营企业注册资本金高达 140 万亿元，国有企业也接近 80 万亿元，全国规模以上企业数量接近 37.8 万家。相比之下，A 股上市公司和新三板挂牌企业数量仍相对较少，资本市场服务的企业主体范围仍相对有限。2020 年，社会融资规模增量累计为 34.86 万亿元，企业债占比 12.8%，政府债占比 23.9%，非金融企业境内股票融资占比 2.6%，显示股权融资比重仍有较大的提升空间。

目前，我国已形成包括主板、科创板、创业板、新三板、债券市场和柜台市场、区域股权市场、私募股权与风险投资在内的多层次资本市场体系。对处于不同生命周期，具有不同行业特征的企业基本能够兼顾，但距离形成有机联系的市场整体，实现要素自由流动还有一定差距。一方面，需要市场各板块坚持突出定位特色，错位发展，建立有针对性的信息披露和市场交易制度，降低市场交易成本，完善差异化制度安排，提高各层次市场自身的活跃度和流动性，并通过建立转板上市和退市机制等逐步理顺和完善资本在市场各层次之间的流通和转移机制，促进要素自由流动，强化优胜劣汰。另一方面，场外市场发展还相对较慢，市场结构仍呈现出“倒金字塔”特征，一定程度上弱化了资本市场的普惠性。区域经济发展不平衡、不充分和中小企业融资难、融资贵问题并存，场外市场交易成本较低，与区域经济和中小民营企业联系紧密，进一步促进场外市场发挥作用，不但有助于提高资本市场普惠性，也有利于场内市场与场外市场良性互动，形成良好的市场生态。

截至 2020 年末，我国债券市场存量规模达 114.31 万亿元，已成为全球第二大债券市场，对支持疫情防控、复工复产、绿色生态发展和实体经济发展发挥了重要作用。近年来，债券市场改革举措逐步深入，尤其是在市场割裂和风险防范等方面仍需不断努力。债券市场互联互通是债券领域发挥市场决定性作用的关键举措，对于优化债券市场价格信号引导作用，降低市场成本，优化债券融资具有重要意义。需要不同市场之间在信息披露、存续期管理和监管执法等方面建立统一的标准，减少监管套利。同时，丰富债券的期限结构，扩大基础设施 REITs 试点，创新债券融资产品，优化债券市场流动性。对于债券违约等风险事件还要持续完善信用体系建设，强化信息披露，加快建立债券违约市场化处置机制。

2. 资本市场结构不均衡

过去，资本市场相对重融资轻投资，长期机构投资者发展不足，但大量散户投资者又面临获得感不强的问题。随着注册制改革的深入，融资端的变化也需要投资端变革以便与之相匹配，进而提高市场资源配置效率。与此同时，构建“双循环”新发展格局也需要资本市场充分发挥财富管理的作用，促进提高居民财产性收入，从而推动国内消费水平的提升。

中国人民银行调查显示，2019 年，我国城镇居民家庭资产中实物资产占比高达 79.6%，其中 74.2% 是住房，住房资产在家庭总资产中占比 59.1%，而金融资产占比仅 20.4%。在金融资产中又以储蓄等无风险资产为主，在调查样本中，99.6%的家庭持有无风险金融资产，户均 35.2 万元。59.6%的家庭持有风险金融资产，户均 50.1 万元。股票和基金、保险和养老金等资产在总资产中的占比仅为 8%左右。与美国等金融市场发达的国家相比，居民在股票、基金等资产上的配置明显较低。2019 年，美国股票市场上，资管机构、养老与保险金合计占比约 50%，居民占比约 30%，机构投资者为主。就居民的资产配置而言，养老金、股权与共同基金和房地产三者占比几乎相当，均为 20%~25%，合计占比约 75%。其中，养老金有相当一部分也配置于股票、基金和债券，因此，美国居民在资本市场产品中的配置比例较高。证券产品成为居民财富管理的重要渠道。

在资管新规实施以后，各类资管产品逐步回归本源，且随着银行理财产品的净值化转型，市场资金通过基金等渠道配置资本市场的需求愈加明显。2020 年共成立基金一千多只，募集资金总额约 3.16 万亿元，同比分别增长为 38%和 122%。在保险资金方面，2020 年末用于股票和证券投资基金的金额约 2.98 万亿元，同比增长约 22.34%。整体而言，市场机构投资者队伍逐步壮大，但仍然面临机构投资者专业能力有待提高、资产管理行业逐步转型以及养老保险体系尚处在初步建设阶段等现实情况。而且相比国外成熟市场，国内金融产品的丰富和灵活度依然有较大的提升空间。培育长期资金，壮大机构投资者力量有利于形成长期投资、理性投资的市场投资文化，有利于发挥市场分散风险、化解风险的功能，满足投资者更加多样化的需求，促进市场投融资有效循环，激发资本市场活力。

3. 全面提升上市公司质量

上市公司是资本市场发展的基石，上市公司质量关乎资本市场高质量发展。从沪深证券交易所成立至今，A 股上市公司数量已超 4400 家，包括已经摘牌的公司在内，新三板挂牌公司数量也有超过 1 万多家，越来越多的企业获得了资本市场服务。多年来，全面提升上市公司质量一直是资本市场建设所面临的重点课题。但康得新、瑞幸咖啡等近期发生的上市公司造假问题说明，上市公司质量的提升需要持续强化。

从证监会近年来对上市公司违法违规案件的查处情况看，有财务造假、虚假信息披露、内幕交易和资金占用、大股东、实际控制人违法违规等问题。上市公司质量涉及多个方面，如治理水平、经营效益、信息披露和会计质量等。上市公司治理结构不完善，治理水平不高，不但企业经营效益受到影响，而且会侵犯中小投资者的利益，久而久之，增加了上市公司的风险，并进一步影响整个市场。部分上市公司控股股东及实际控制人缺乏诚信合规意识，内部治理失效，甚至出现掏空公司等现象，进一步引发资金占用、违规担保、财务造假、并购操纵等严重问题。还有一些上市信息披露真实性存疑、对信息披露有效性重视不足，未按期披露年报或者未按规定对涉及控制权转让、重大资产重组的信息进行披露，反映出信息披露违规等突出问题。影响上市公司质量提升的因素较多，既有上市公司本身的问题，也有违法违规成本较低的因素。但从根本上看，部分上市公司的控股股东、实际控制人和董事、监事、高级管理人员等“关键少数”的法定职责落实不到位，上市公司内部决策管理不科学、责任追究机制不完善等公司治理的深层次问题是影响上市公司质量的关键因素。

注册制改革开始之后，常态化退市机制逐步完善，对促进市场优胜劣汰，提高上市公司质量起到了积极作用。2020 年，A 股市场退市公司数量达 16 家，创下历史新高。除主动退市外，这些退市公司多数是连续亏损退市或面值退市。随着退市制度逐渐严格执行，多元化退市机制逐步完善，退市公司数量可能继续增多。资本市场是复杂的系统性生态，上市公司质量不仅是上市股东的问题，还涉及市场方方面面的利益相关方，需要市场和法治环境、中介机构、监管机构等共同维护。

4. 处理好资本市场高水平开放与风险防范的关系

近年来，金融改革开放进一步提速，资本市场的开放也进一步加快。自 2001 年我国加入 WTO 之后，我国资本市场对外开放程度稳步提升。市场方面，从 2002 年开始，陆续推出了合格境外机构投资者（QFII）、合格境内机构投资者（QDII）、人民币合格境外投资者（RQFII）制度，以及沪港通业务、债券通、沪伦通等制度。机构方面，证券期货经营机构外资持股比例不断放开。

产品方面，ETF 产品、理财产品互联互通以及国际化期货品种范围不断扩大。三大国际指数也相继提高了纳入 A 股的比例。截至 2020 年 12 月末，外资连续 3 年净流入资本市场，境外投资者持有 A 股资产已突破 3 万亿元。境外投资者通过沪港通、深港通 QFII 和 RQFII 持有 A 股市值 2.5 万亿元，占流通股市值近 4%。

资本市场高水平开放需要建立在风险有效防控和金融安全的基础之上。为促进国际国内循环，发挥对外开放对促进国内市场竞争和发展的正面作用，资本市场需要进一步推动制度型开放，提高国际资金投资的便利性。如扩大市场互联互通，丰富沪股通、深股通的投资范围和标的等。同时，支持具备国际市场风险管控能力、有实力的境内证券期货经营机构进一步布局海外业务，积极“走出去”，扩大双向开放。但资本市场在扩大对外开放的同时，应对国际金融风险的压力也随之增大，对国内资本市场风险防范和金融监管形成挑战。尤其是当前我国面临较为复杂的国际经济政治环境，中概股承受的不确定性明显增加。对国内外金融市场风险联动、跨境资本流动以及国际大宗商品和外汇市场风险等，需要进一步完善金融市场风险监控和预警体系，健全风险应对措施，保障国内金融安全，并积极参与国际金融治理。

三、改革展望

1. 深化注册制改革，突出创新导向

2020 年，继科创板之后，创业板注册制改革顺利实施，注册制改革取得突破性成就，市场平稳运行，带动资本市场基础制度逐渐完善。下一步要总结科创板和创业板注册制改革经验，在总结评估前期经验的基础上，坚持“建制度、不干预、零容忍”，不断完善注册制配套规则体系，提高注册制适应性，为全面推进注册制改革创造良好条件，支持更多企业上市，服务经济高质量发展。以信息披露为核心，进一步完善、优化以投资者需求为导向的信息披露规则体系，提高信息披露质量，确保信息披露的真实、准确、完整，促进信息披露内容清晰易懂，增强可读性，利用金融科技等手段，推动信息披露电子化、线上化，降低企业信息披露成本，便利投资者信息获取。

同时，通过注册制改革带动发行、上市、交易、退市、信息披露和持续监管等资本市场基础制度全面改革，逐步健全多元包容的发行上市条件，完善新股发行承销机制，建立权责清晰、标准统一、透明高效的发行审核注册机制，推动市场化新股发行定价。协同构建常态化、多渠道退市机制，促进资本市场优胜劣汰，良性循环。优化交易机制，积极稳妥推进交易结算制度，融资融券和转融通制度，以及货银对付（DVP）结算制度等的改革，丰富风险管理工具，充分发挥市场价格发现功能。强化证券公司等各方责任和能力，加强中介机构监管，督促中介机构归位尽责，使市场定价机制更加有效。

突出对科技创新和绿色生态发展的支持作用。科技创新是未来经济发展的关键推动力量，绿色生态发展是经济社会高质量发展的内在要求。资本市场要优化上市发行标准，再融资、并购重组等政策，完善股权激励和员工持股等制度，健全私募股权基金和创业投资基金管理，鼓励投早投小投科技，促进科技、资本和产业实现高水平循环。引导资本、人才等生产要素向科技创新和绿色生态领域集聚。加快建立资本市场绿色金融相关制度安排，完善信息披露等绿色金融相关基础设施建设，支持绿色债券等企业融资形式，丰富绿色证券或相关指数产品，激励引导社会资金投资绿色生态发展，助力实现“碳达峰、碳中和”目标。

2. 提高上市公司质量

提高上市公司质量是资本市场全面深化改革，长久健康发展的重要基础，国家高度重视。2020 年 10 月，国务院发布《关于进一步提高上市公司质量的意见》，提高上市公司质量已成为包括证监会在内的多个中央政府部门以及各省级人民政府的重要任务。目前，各级政府和证监会、交易所等针对提高上市公司质量的配套举措正陆续发布并将在具体实施中逐步完善。

一是加强制度约束。以上市公司治理专项行动为抓手，不断提升上市公司治理水平。坚持分类处置，推动解决资金占用、违规担保等问题，平稳有序化解股票质押风险。落实“零容忍”要求，从严打击违法违规行为。加强日常监管和执法，显著提高违法违规成本，落实控股股东、实际控制人以及董事、监事、高管等主体责任。在控增量、化存量原则的指导下，提高场内外市场监管的协调一致性。完善证券投资者集体诉讼等投资者保护制度，利用法治手段有效制衡大股东对中小股东的利益侵害行为，保护投资者权益。

二是强化市场约束。通过市场优胜劣汰促进上市公司主动提高治理能力和经营水平。结合注册改革，在上市推广、审核等各个环节进一步完善相关规则，压实中介机构责任，把好“入口关”。完善信息披露制度。信息披露制度是资本市场健康发展的制度基石，也是维护投资者知情权的重要保障。落实新《证券法》要求，优化信息披露规则体系建设，持续提升信息披露的有效性和针对性，增加上市公司运营的透明度，提高上市公司信息披露质量，加强信息披露违规惩处力度。及时为市场投资者提供全面、完整、准确的信息，增强市场定价的有效性，发挥市场价格机制的作用，促进优胜劣汰。切实推进退市制度改革，畅通“出口关”。完善并购重组、破产重整等制度安排，畅通多元退市渠道，建立常态化退市机制，简化退市程序，严格执行退市制度，及时出清不良市场主体，畅通资本市场循环。

三是督促上市公司提高公司治理水平。优化再融资、并购重组、股权激励等制度安排，推动上市公司改革完善公司治理。促进国有控股上市公司按照结合国企改革三年行动方案，遵循《上市公司治理准则》，完善公司治理机制，健全内部控制体系，支持深化国有企业混合所有制改革。规范民营上市公司运作，督促企业控股股东、实际控制人等“关键少数”落实责任，持续推动服务民营企业高质量发展。

3. 发挥资本市场投资功能，增强市场活力

引入中长期资金，壮大长期机构投资者是促进资本市场投融资均衡，实现长期稳健发展，提高直接融资比重的重要内容。未来，在加快融资端改革的同时，投资端改革的步伐也将加大。在资金增量方面，目前，在相关部委的共同支持下，银行理财、保险资金等中长期资金投资权益市场的额度和范围进一步放宽，相关配套规则将进一步完善。下一步还将优化公募基金注册机制，支持权益类基金发展。通过优化 QFII、RQFII 制度，沪港通、深港通机制等，促进提高 A 股纳入国际主要指数的比重，便利投资者跨境投融资各项流程，引入更多境外中长期资金等。为外资证券基金和资产管理机构来华展业营造公平环境，促进市场竞争。

在打造有利于中长期资金入市的机制和环境方面，一是强化机构投资者力量。鼓励发展权益类基金，推动相关产品供给和服务创新。完善基金公司治理机制，引导基金管理人建立自上而下、由内而外的长期考核制度，强化长期激励约束机制，加强行业文化建设。壮大公募基金管理人队伍，推动投资顾问业务发展，促进各类资产管理机构不断提升专业能力。二是加快完善第三支柱养老金等中长期资金入市的配套规则制定，推动个人养老金投资公募基金政策尽快落地，完善权益投资的会计、业绩评价等制度安排，加大政策支持力度，为机构投资者开展中长期投资营造良好的市场和政策环境。配套完善投资者权益保护制度，综合发挥集体诉讼等权利行使，投资者权益保障和救济等机制的作用。促进投资者形成长期投资、价值投资和理性投资文化。

4. 提升对外开放水平

推动资本市场制度型开放是扩大双向开放的重要方向，其也有利于促进

形成“双循环”格局。包括进一步优化中国资本市场对外开放的渠道和方式，统一、简化外资进入国内市场的途径和程序。持续拓宽并深化境内外市场互联互通的产品和机制，放宽交易所债券市场境外机构投资者直接入市的渠道。完善跨境投融资、交易结算等基础制度的互联互通。鼓励国内证券公司等机构利用自贸区战略、粤港澳大湾区发展以及“一带一路”倡议等的跨境投融资机遇，积极“走出去”，参与国际市场。

扩展商品和股指期货期权等衍生品的开放范围和途径，丰富在岸和离岸风险管理工具。国际成熟市场多空机制灵活，期货、期权等衍生品市场活跃，在开放的条件下，对提升市场活力，提供风险管理手段具有积极意义，国内可借鉴国际经验，平衡期货、衍生品发展与风险防范和投资者利益保护，稳步、审慎推进相关产品和市场发展，进一步增强对国际投资者的吸引力。

加强资本市场跨境风险防范，确保开放环境下资本市场的稳健运行。探索推动金融科技的应用，提高市场风险科技监管水平。健全跨境资本监测和风险预警机制，密切关注国际市场政策和流动性变化情况，增强跨境监管协作和信息共享，防范境外市场波动造成的输入性风险，建立健全跨境市场风险的应对措施，维护国家金融安全。

在扩大对外开放的同时，加强跨境监管。完善跨境监管制度，加强跨境审计和国际监管执法合作，积极参与国际金融治理。完善境外上市制度，明确境外上市监管规则，共同打击跨境证券违法犯罪。积极采取措施，应对中概股在境外面临的监管挑战。

第二节　金融开放及“走出去”

金融服务业本质上是竞争性行业，需要通过竞争提高行业的活力和竞争力。扩大金融业对外开放有利于促进竞争，并通过引入先进的管理模式、技术和规则，提升金融体系的效率和稳健性。党的十八大以来，我国逐步建立健全准入前国民待遇加负面清单管理模式，加快推进金融业对内对外开放，有效地激发了金融行业的活力，提升了金融支持实体经济的效率。2020年以来，我国进一步推进金融开放，出台了一系列改革政策措施，推进基础性体制机制改革，加快金融服务业和金融市场开放进程，并通过建设金融开放试验区稳妥推动金融业高水平对外开放。下一阶段改革应着重统筹推进各项金融开放政策，全面实施准入前国民待遇加负面清单制度，建立与国际接轨的金融体系运行规则和监管制度。

一、我国金融开放的（改革）方向和路线

（一）深入推进基础性体制机制改革

金融体系是社会经济体系的组成部分，我国金融开放的持续推进离不开非金融改革的协调推进。2020 年以来，我国在基础性体制机制改革领域做出了一系列重要部署，为金融开放政策的深入奠定了基础。2020 年 3 月，《关于构建更加完善的要素市场化配置体制机制的意见》的发布为要素市场制度建设指明了方向，其对要素配置范围、要素自由流动、价格市场化改革等方面做出了部署。针对资本要素领域，除了强调要完善基础制度及增加有效供给外，主要对如何主动有序扩大金融业对外开放提出了具体要求，既要加大各金融行业市场开放力度，又要通过加快人民币开放速度及放宽境外金融机构准入条件等措施实现内外联动。

2020 年 5 月，《关于新时代加快完善社会主义市场经济体制的意见》发布，对新时代深化经济体制改革、加快完善社会主义市场经济体制的目标、方向、任务和举措进行顶层设计，提出重点从七个关键领域着手构建高水平社会主义市场经济体制。该意见就建设更高水平开放型经济新体制做出专门部署，提出以“一带一路”倡议为重点构建对外开放新格局，加快自由贸易试验区、自由贸易港等对外开放高地建设，健全高水平开放政策保障机制，积极参与全球经济治理体系变革等具体措施，全面对接国际高标准市场规则体系，实施更大范围、更宽领域、更深层次的全面对外开放。

（二）持续扩大金融服务业开放

2019 年 7 月，李克强总理在大连达沃斯论坛宣布，到 2020 年全面放开证券、期货、寿险外资股比限制。同月，国务院金融稳定发展委员会办公室再次公布新的 11 条金融开放措施，对银行理财子公司、资产管理、保险、证券、基金、期货、评级等领域大幅放宽准入条件或业务范围。

党的十九届四中全会以来，我国金融服务业开放持续扩大，在银行业、保险业、证券业、基金业、期货业和信用评级业开放方面取得新的进展。

1. 银行和保险业开放深入推进

2019 年 12 月，银保监会发布《中国银保监会关于推动银行业和保险业高

质量发展的指导意见》（以下简称《指导意见》），提出积极推动外资银行保险机构发展，鼓励外资银行保险机构发挥优势，创新业务模式，发展特色业务，丰富金融服务供给。同时，《指导意见》对银行业和保险业提出“实施更高水平对位开放”的总体要求，一是公平对待境内外各主体，放宽外资银行保险机构市场准入条件和业务范围，深化银行业和保险业对外开放；二是引进先进国际专业机构；三是支持符合条件的银行保险机构“走出去”。

2019 年 12 月，银保监会印发《中国银保监会办公厅关于明确取消合资寿险公司外资股比限制时点的通知》，宣布自 2020 年 1 月 1 日起，正式取消合资寿险公司的外资比例限制，合资寿险公司的外资比例可达 100%。为保持制度体系的一致性，银保监会对《中华人民共和国外资保险公司管理条例实施细则》进行了修订，并于 2021 年 3 月 10 日发布《关于修改〈中华人民共和国外资保险公司管理条例实施细则〉的决定》（以下简称《决定》）。《决定》主要在三个方面做出修改：首先，放宽了“外资保险公司的外方股东仅限于外国保险公司”的限制，外国保险公司、外国保险集团公司以及其他境外金融机构三类机构均可成为外资保险公司的股东。其次，参照外国保险公司的准入标准设定了外国保险集团公司的准入条件。最后，对相关制度进行了补充完善。一是完善股东变更及准入要求。规定外资保险公司变更股东，拟受让方或者承继方为外国保险公司和外国保险集团公司的，应当符合相关要求。二是完善境内保险集团公司管理相关制度。明确外国保险公司、外国保险集团公司作为中国境内保险公司股东，设立保险集团公司的，可参照适用《条例》及《实施细则》关于股东资质和申请材料等相关规定。三是做好制度衔接。就外商投资安全审查做出原则规定，与发展改革委、商务部联合发布的《外商投资安全审查办法》做好衔接。

2. 证券、基金和期货业开放逐步提速

我国证券、基金、期货机构、产品双向开放持续深化，证券公司、基金管理公司和期货公司外资股比限制已全面取消，已有外资全资控股期货公司和外资全资控股基金管理公司正式成立。2020 年 3 月，证监会发布公告称，自 2020 年 4 月 1 日起取消证券公司外资股比限制，符合条件的境外投资者可根据法律法规、证监会有关规定和相关服务指南的要求，依法提交设立证券公司或变更公司实际控制人的申请。

2020 年 6 月，证监会发布《关于核准摩根大通期货有限公司变更股权的批复》，为进一步扩大期货市场对外开放，证监会依法核准摩根大通期货为我国首家外资全资控股期货公司。2020 年 8 月，证监会发布《关于核准设立贝莱德基金管理有限公司的批复》，核准贝莱德基金管理有限公司为我国首家外资全资控股基金管理公司。

3. 信用评级业开放稳妥推进

2019 年 11 月，中国人民银行、国家发展改革委、财政部、证监会联合发布《信用评级业管理暂行办法》，明确境外信用评级机构申请在中国境内开展业务享受国民待遇原则，可以对银行间债券市场和交易所债券市场的所有种类债券评级。2020 年 5 月，金融委办公室发布 11 条金融改革措施，提出推动信用评级行业进一步对内对外开放，允许符合条件的国际评级机构和民营评级机构在我国开展债券信用评级业务，鼓励境内评级机构积极拓宽国际业务。2020 年 6 月 29 日，在人民银行召开的 2020 年征信工作电视电话会议上，人民银行副行长陈雨露指出要继续推动信用评级市场对内对外开放，在完善备案制的基础上建立健全信用评级机构质量考评体系。2021 年 3 月 28 日，中国人民银行、国家发展改革委、财政部、银保监会、证监会五部门联合发布《关于促进债券市场信用评级行业高质量健康发展的通知（征求意见稿）》，提出推动符合条件的境外信用评级机构在中国债券市场开展业务；培育若干具有国际影响力的信用评级机构，支持本土信用评级机构积极参与国际评级业务。

（三）金融市场双向开放再迈新台阶

资本市场开放是金融业开放的重要方面。2020 年以来，我国资本市场双向开放取得了诸多进展，在推动外汇市场开放、简化投资资金管理、优化 QFII 和 RQFII 制度等方面出台了一系列改革开放措施，有力地推动资本市场不断深化对外开放程度。

1. 便利银行间债券市场境外机构投资者管理外汇风险，推动外汇市场对外开放

2020 年 1 月，国家外汇管理局发布《国家外汇管理局关于完善银行间债券市场境外机构投资者外汇风险管理有关问题的通知》（以下简称《通知》），提供更多外汇对冲渠道。根据新的规则，非银行类境外投资者可以选择多家境内金融机构柜台交易或以主经纪业务模式间接进入银行间外汇市场；银行类境外投资者除上述两种渠道外，也可以直接进入银行间外汇市场。《通知》还简化了境外机构投资者开展外汇衍生品交易的展业流程，进一步完善外汇衍生品交易机制，优化外汇交易信息采集，降低市场主体交易成本。

2. 明确并简化境外机构投资者境内证券期货投资资金管理要求，进一步

便利境外投资者参与我国金融市场

2020 年 5 月，中国人民银行以及国家外汇管理局发布《境外机构投资者境内证券期货投资资金管理规定》（以下简称《规定》），对境外机构投资者境内证券期货投资资金管理进行明确和简化。《规定》一方面放松了对合格境外机构投资者和人民币合格境外机构投资者准入的限制，包括但不限于取消额度管理要求、实施本外币一体化管理、简化外汇汇出手续等，另一方面完善了合格投资者境内证券投资监管要求。

3. 顺应新阶段市场环境，优化 QFII、RQFII 制度

我国的 QFII 和 RQFII 制度试点先后于 2002 年和 2011 年实施，并取得阶段性成果。为适应新的市场环境，促进不同开放渠道协调发展，证监会牵头对相关管理办法及实施细则进行了修订整合，深交所、上交所和全国股转公司等交易场所分别发布配套措施，对 QFII 和 RQFII 制度进行了优化。以上文件均已于 2020 年 11 月 1 日起施行。

2020 年 9 月 25 日，中国证监会、中国人民银行、国家外汇管理局联合发布《合格境外机构投资者和人民币合格境外机构投资者境内证券期货投资管理办法》（以下简称《QFII、RQFII 办法》），中国证监会同步发布配套规则《关于实施〈合格境外机构投资者和人民币合格境外机构投资者境内证券期货投资管理办法〉有关问题的规定》。《QFII、RQFII 办法》及配套规则主要从三个方面对原有制度进行修订和优化：一是合并两项制度，降低准入门槛，便利投资运作。二是扩大投资范围。三是加强持续监管。

《QFII、RQFII 办法》及配套规则发布后，深交所、上交所和全国股转公司分别发布了相关实施细则和配套文件，以衔接上位规章修订。其中，深交所和上交所分别对原有业务规则进行了修订，并于 2020 年 10 月分别发布《深圳证券交易所合格境外机构投资者和人民币合格境外机构投资者证券交易实施细则（2020 年修订）》（以下简称《实施细则》）和《上海证券交易所证券交易规则适用指引第 1 号——合格境外机构投资者和人民币合格境外机构投资者》（以下简称《QFII、RQFII 指引》）。《实施细则》和《QFII、RQFII 指引》主要做了五方面修订：一是扩大投资范围。除原有品种外，合格境外投资者新增允许投资存托凭证、股票期权、政府支持债券等品种；同时允许合格境外投资者参与债券回购、融资融券、转融通证券出借交易，丰富合格境外投资者资产配置和风险管理手段。二是完善持股比例披露安排，优化持仓与平仓相关事项。将外资持股比例初始披露指标由 26%调整至 24%；优化外资合计持股超过 30%时的减持安排等。三是优化信息报送要求。

取消合格境外投资者及托管人、受托证券公司等相关机构重复信息的报送要求，规定了相关主体的基本报送义务，减轻市场主体负担。四是完善非交易过户相关规定。取消合格境外投资者可委托证券公司的数量限制，明确合格境外投资者协议转让及非交易过户的办理要求。五是强化合规要求，加强持续监管。明确合格境外投资者及其名下的境外投资者的相关信息披露义务，完善信息披露具体要求；明确受托证券公司、受托期货公司对合格境外投资者交易行为管理和涉嫌违法违规交易报告要求；新增督察员对合格境外投资者的监督职责等。

依据《QFII、RQFII办法》，全国股转公司于2020年10月30日制定并出台了配套业务规则，明确了QFII和RQFII参与新三板交易结算安排及基本监管要求。《实施细则》的内容主要涵盖四方面。一是QFII和RQFII除可投资在全国股转系统挂牌交易的股票、债券等证券外，还可参与全国股转系统股票、债券等证券发行的申购。二是明确了QFII和RQFII须通过已通过备案的从事经纪业务的证券公司参与交易活动。三是从信息报备、信息披露等各个方面规范了对QFII和RQFII参与新三板投资的日常监管安排。四是针对违反前述规定的主体，全国股转公司将视情形采取自律监管措施或纪律处分。

4. 严守风险底线，事中事后管理

在推进资本市场对外开放、利境外机构投资者入市的同时，我国高度重视风险防范工作，通过加强配套制度建设，严守风险底线。2021年3月，人民银行发布《关于进一步优化银行间债券市场基础设施对外开放服务　加强事中事后管理的通知》，要求全国银行间同业拆借中心、中央国债登记结算有限责任公司、银行间市场清算所股份有限公司立足金融市场基础设施基本定位，落实境外机构投资者国民待遇，依法合规便利境外机构投资者入市；同时表示将建立健全相关制度规则，采取穿透式监管，切实加强事中事后管理。

（四）建设金融开放试验区，深化金融领域开放创新

借助自由贸易试验区和海南自由贸易港建设，我国推动金融开放创新在相关区域先行先试，助推金融业高水平开放。2020年以来，我国重点在上海国际金融中心建设、粤港澳大湾区建设和海南自由贸易港建设实践中，深化金融业对外开放，主要涵盖跨境投融资便利化、金融制度供给优化、跨境金融服务创新等重要内容。

1. 推动上海国际金融中心建设

2020年2月，中国人民银行、银保监会、证监会、外汇局和上海市政府

联合发布《关于进一步加快推进上海国际金融中心建设和金融支持长三角一体化发展的意见》（以下简称《意见》），旨在进一步推进上海国际金融中心建设，深化金融供给侧结构性改革，推动金融向更高水平开放创新。一是扩大金融业高水平开放。试点外资机构设立合资理财公司，设立或控股证券经营机构和基金管理公司，推进人身险外资股比限制提高至 100%，支持境外金融机构投资设立、参股养老金管理公司。二是促进人民币金融资产配置和风险管理中心建设。进一步便利境外投资者备案进入债券市场，为其进入银行间债券市场提供多元化服务；创新发展金融期权产品；优化境外机构金融投资项下汇率风险管理，便利境外机构因投资境内债券市场产生的头寸进入银行间外汇市场平盘；研究提升上海国际金融中心与国际金融市场法律制度对接效率，允许境外机构自主选择签署中国银行间市场交易商协会（NAFMII）、中国证券期货市场（SAC）或国际掉期与衍生工具协会（ISDA）衍生品主协议。三是建设与国际接轨的、公平竞争的优质金融营商环境。2021 年 4 月，中共中央、国务院印发《关于支持浦东新区高水平改革开放　打造社会主义现代化建设引领区的意见》，支持浦东发展人民币离岸交易、跨境贸易结算和海外融资服务，建设国际金融资产交易平台，进一步加大金融开放力度。

2. 金融支持粤港澳大湾区建设

2020 年 5 月 14 日，中国人民银行、银保监会、证监会和国家外汇局发布《关于金融支持粤港澳大湾区建设的意见》（以下简称《意见》），对各金融行业如何扩大开放做出了重要部署。一是扩大银行业开放。支持境外银行在粤港澳大湾区同时设立分行和子行，鼓励发起、投资入股各类金融机构。二是扩大证券业开放。一方面，鼓励中外证券公司加强合作交流，另一方面，鼓励符合要求的创新型公司赴港澳融资、上市。三是扩大保险业开放。一方面，在业务上，在支持鼓励创新型产品的基础上完善跨境机动车辆保险制度、人民币再保险业务等；另一方面，鼓励外资、港澳保险机构及其他社会资本在粤港澳大湾区设立保险公司、保险经营机构、保险法人机构等。

3. 金融支持海南全面深化改革

2021 年 4 月 9 日，中国人民银行、银保监会、证监会和国家外汇局联合发布《关于金融支持海南全面深化改革开放的意见》，提出以制度创新为核心、坚持对标国际的原则深化金融改革开放，在跨境资金流动自由便利、投融资汇兑便利化、金融业对外开放等方面先行先试，积极探索更加灵活的金融政策体系、监管模式、管理体制。一是扩大银行业对外开放。鼓励境外金融机构落户海南，支持设立中外合资银行；支持海南的银行引进符合条件的境外战略投资者。二是扩大保险业对外开放。三是设立银行业准入事项快速通道，建立准入事项限时办结制度，提高审批效率。四是落实外商投资的国民待遇要求，支持符合条件的外资机构在海南依法合规获取支付业务许可证。五是允许已取得离岸银行业务资格的中资商业银行总行授权海南自由贸易港内分行开展离岸银行业务。

二、开放改革中存在的问题

随着改革开放的不断深入，中国金融对外开放程度逐渐提高，取得了阶段性成果。然而，与高水平对外开放的金融体系依然存在差距，主要有以下几方面问题。

1. 金融机构对外开放程度依然较低

自中国加入世界贸易组织（WTO）以来，逐步放宽了外资金融机构准入限制和展业限制，但是外资金融机构资产占比和数量一直偏低。自 2014 年以来，数量增长停滞，占比持续下降。我国金融机构开放程度也明显滞后于国际水平。以银行业为例，经济合作与发展组织（OECD）国家平均占比超过 10%；其他金砖国家的平均水平约为 15%。外资金融机构比重下降反映出我国经营环境欠佳，实质性开放程度依然不足。近年来，我国虽然大幅放宽了外资金融机构的持股比例、机构准入和展业限制，但仍需申请诸多许可，面临不少操作问题。外资金融机构没有真正享受准入前国民待遇。

2. 金融市场开放深度有待提高

我国金融市场开放程度依然较低，主要原因体现在两方面。一是我国股票市场开放仍以局部管道式开放为主，尚未形成全面制度性、系统性开放。境外机构投资者投资我国市场仍需通过 QFII 和 RQFII 等渠道，境内机构投资者投资境外市场主要通过 QDII 和 RQDII，个人投资者投资境外市场通过沪港通和深港通渠道，但在这些渠道之外，境内外股票市场仍不联通。这种管道式开放模式，行政审批色彩较浓，开放程度较低。债券市场开放主要体现在允许境外机构在银行间市场发行人民币债券或进行投资。总体来看，开放程度依然较低。债券市场境外持有者不到 2%，而日本国债海外持有比例约为 10.5%。

二是我国金融市场的运行规则尚未与国际接轨，与境外成熟市场存在较大差异。如我国股票市场和债券市场的准入规则、交易规则与国际做法存在较大差异；境内外的会计、审计规则存在诸多冲突；评级市场相关制度扭曲了行业竞争，导致公信力不足。上述因素严重制约境外发行人和投资者参与市场的便利性和积极性。

3. 配套的市场化改革依然不足

我国改革开放的历史表明，开放与改革相辅相成。以改革促开放、以开放促改革取得了良好的效果。金融业开放离不开金融领域乃至经济和更广泛领域的全面改革。正是我国坚定不移地沿着社会主义市场经济道路砥砺前行，我国在开放领域才能取得如此成就。

随着改革进入深水区，面临的形势也更加复杂，相关领域改革未能及时推进，导致金融业开放遇到了挫折和反复。比如，国有部门软预算约束问题不能很好地解决，利率市场化改革也将遇到问题，资本项目开放也会遇到障碍；政府部门对资源配置的不当干预，土地、人力资源等要素市场化配置无法实现，都将影响金融领域的改革与开放。

三、改革展望

（一）统筹协同推进各项金融开放政策

开放与改革相辅相成，金融开放政策的持续推进离不开配套改革政策协同。同时，改革与开放需要注意秩序，一些领域的改革与开放需要以其他领域改革成功完成为前提。在下一阶段金融业开放推进过程中，应加强各项改革开放政策的协同。一是统筹金融改革与经济和更广泛领域改革。如统筹推进资本要素市场化配置改革与土地、劳动力等其他要素的市场化配置改革。二是统筹对内和对外开放政策，切实落实准入前国民待遇原则。三是统筹推进各金融领域改革开放政策。如金融服务业开放与金融市场开放之间、各金融服务业之间、各金融市场之间存在较高的关联性。

（二）按照金融业是竞争性行业的原则，全面实施准入前国民待遇加负面清单管理制度

金融业是竞争性行业，公平、有效的竞争有助于提升金融业的效率，降低潜在风险。因此，应在内资和外资之间、民资和国资之间创造公平的竞争环境。只要外资金融机构依法依规进入中国开展业务，接受中国监管部门的监管，就应当与内资享有同等对待，在设立形式、股东资质、业务范围、牌照数量等方面对内外资机构一视同仁，让内外资金融机构在同一条起跑线上

公平、公正地开展竞争。

（三）结合中国实际，建立与国际接轨的金融体系运行规则和监管制度

我国金融领域的改革开放已进入深水区，要实现更高水平的开放需要规则、制度的开放。在金融体系运行规则和监管制度方面，对标、对照国际先进规则与做法，加快形成于国际规则相衔接的规则体系和监管制度体系。一是在市场准入规则、交易规则、会计准则、审计规则等方面，充分考虑中国国情的前提下，围绕国际通行规则积极改革创新，着力解决限制境外发行人和投资者参与我国金融市场的体制机制性障碍。二是建立系统健全且完善的监管制度体系，以平衡好金融安全与金融改革开放的关系。深化金融监管制度改革，加快建立健全金融审慎监管框架，完善金融体系风险预测预警机制，增强抵御系统性金融风险能力。

第三节 资管行业改革

《关于规范金融机构资产管理业务的指导意见》发布之后，从一定程度上规范了资产管理业务的发展，统一了同类资产管理产品监管标准，防范化解了一部分金融风险。2020 年，多部委联合决定将资管新规的过渡期延长至 2021 年底，同时出台了一系列配套细则，进一步巩固资管行业的改革成果，降低金融机构整改压力，减轻疫情等各种因素对市场的冲击，稳定实体经济融资。2021 年 1 月，中国银行业理财登记托管中心发布了《中国银行业理财市场报告》，数据显示银行理财和公募基金已成为资管新规发布以来规模上保持正增长的两大细分行业，与此同时，银行理财的财富管理化和基金化特征也越来越明显。如何抓住经济发展新格局的机遇，进一步细化资管行业的监管标准，从而更好地为实体经济服务成为未来关注的重点。

一、主要改革政策举措

（一）资管新规的总基调

2020 年 7 月，人民银行会同多部门将资管新规过渡期延长至 2021 年底。

该安排既考虑了疫情常态化防控的工作要求，也可推进“六稳”和“六保”工作，在平稳推进资管存量业务整改工作的同时，为金融机构培育规范的资管产品提供宽松环境。在过渡期内，并未调整资管业务的改革方向及监管标准，而是各部委研究提出了以原有政策不变总基调，特殊个案特殊处理的政策安排。包括以下具体内容：一是将过渡期延长至 2021 年底，在已锁定的存量资产基础上，各金融机构可自主安排调整。二是难以在规定时间内完成整改任务的金融机构应说明原因并经金融管理部门同意后，列明处置明细方案，相关部分在逐月监测处置方案实施情况的基础上施以差异化监管措施。三是健全存量资产处置的配套支持措施。各监管部门适当提高监管容忍度，并鼓励各金融机构创新市场化的存量资产处置措施，引导资管行业为资本市场提供长期稳定资金支持。同时，为了更好地推进资管新规平稳有序实施，将进一步压实金融机构主体责任、建立健全激励约束机制以及强化监管协调。

综合来看，资管新规过渡期的延长给行业发展带来了重大机遇，各级监管机构围绕服务实体经济，防控金融风险的主题先后出台各类政策。具体包括：一是加强资管行业机构监管，涵盖证券公司、基金公司、期货公司、银行理财子公司、保险资管及信托等。二是细化资产端认定标准，明确标准化和非标准资产定义。在非标转标和促进直接融资的背景下，标准化资产的范围进一步扩大。三是加强产品端的监管，包括规范产品销售端、加强产品和资金运用监管等。

（二）强化资管行业的机构监管

1. 银行理财和保险资管监管

2019 年 12 月，银保监会发布《商业银行理财子公司净资本管理办法（试行）》，明确理财子公司净资本不得低于 5 亿元人民币且不得低于净资产的 40%、净资本不得低于风险资本。

2021 年 1 月，银保监会发布了《保险资产管理公司监管评级暂行办法》（以下简称《办法》），《办法》旨在提高保险资管公司的监管效率，促进保险资产管理行业高质量发展。《办法》涉及监管各个环节，其核心内容是要细化保险资管公司的监管评级要素，在相应监管评级得分的基础上结合日常监管形成监管评级结果，以前述评级结果为基础实施差异化的监管措施。

2. 私募资管业务、非标、投资者权益保护

2020 年 10 月，中国证监会发布了同私募资管业务相关的一系列征求意见

稿。此次证监会发文，是在落实资管新规基础上，进一步加强对证券期货经营机构私募资管业务的监管力度。此次证监会对外公布的资管细则（征求意见稿）是在借鉴公募相关成熟经验的基础上，结合私募资管业务特点对展业条件、现金管理、投资组合等各个环节进行了完善，其以投资者保护为导向，在降低准入门槛的基础上，强化准入后监管措施。

3. 私募投资基金监管

2020年12月，为了强化私募基金作用，促进行业健康有序发展，中国证监会发布《关于加强私募投资基金监管的若干规定》。规定内容共十四条，从募集范围、从业规范、基金运营等各个方面形成了私募基金管理人及从业人员等主体的“十不得”禁止性要求。

4. 保险机构投资管理能力

2020年10月，为了深化保险资金运用的改革力度，中国银保监会发布《关于优化保险机构投资管理能力监管有关事项的通知》。通知由正文和七项附件构成，正文主要规定了保险机构投资管理能力自评估、管理和信息披露的基本要求，通过细化保险机构开展债券、股票、股权、不动产、衍生品运用等各类投资业务以及发行债权投资计划、股权投资计划的能力标准和监管要求，强化事中事后监管等措施以提高保险机构运用保险资金的规范性及可适性；附件对各项投资管理能力建设的具体标准进行了细化设计。

5. 信托公司股权管理、关联交易管理

2020年1月，为了规范信托公司股东行为，促进信托公司有序发展，中国银保监会发布《信托公司股权管理暂行办法》。暂行办法借鉴并沿用了《商业银行股权管理暂行办法》中关于股东穿透监管、股东分类管理等良好的制度实践，以问题为导向、“三位一体”股权管理框架为主线，明确信托公司股东、信托公司、监管部门三方主体从股权进入退出各阶段的股权管理职责。

（三）资产端监管改革

1. 关于标准化资产认定

2020年7月，“一行两会一局”发布《标准化债权类资产认定规则》，正式明确了非标债权的认定标准和非标债权资产的大致范围。就非标债权投资约束来看，银行理财要求最严，理财子公司和保险资管产品次之，资金信托相对宽松。认定规则中所称的标准化债权类资产是指依法发行的债券、资产支持证券等固定收益证券，主要包括国债、中央银行票据、地方政府债券、政府支持机构债券、金融债券、非金融企业债务融资工具、公司债券、企业债券、国际机构债券、同业存单、信贷资产支持证券、资产支持票据、证券交易所挂牌交易的资产支持证券，以及固定收益类公开募集证券投资基金等。其他债权类资产被认定为标准化债权类资产的，应当同时符合以下条件：等分化，可交易；信息披露充分；集中登记，独立托管；公允定价，流动性机制完善；在银行间市场、证券交易所市场等国务院同意设立的交易市场交易等。

2. 创新型标准化资产

在促进直接融资的政策背景下，标准化资产的范围正明显扩容，仅 2020 年以来，各级机构就先后推出资产支持商业票据、短期公司债券、标准化票据、公募 REITs、新型证券公司次级债五种创新型标准化资产。

（1）资产支持商业票据

2020 年 6 月，交易商协会在资产支持票据（ABN）的基础上，创新推出资产支持商业票据（ABCP）。本次交易商协会推出 ABCP 品种，既为企业提供了兼具流动性和资产负债管理的新型工具，又丰富了短期投资者的投资范围。

ABCP 是指单一或多个企业（发起机构）把自身拥有的、能够产生稳定现金流的资产按照“破产隔离、真实出售”的原则出售给特定目的载体（SPV），并由 SPV 以资产为支持进行滚动发行的短期证券化类货币市场工具。ABCP 并没有脱离 ABS 的框架，仍然是以资产为支持的证券化品种。ABCP 具有短久期、滚动发行、循环融资、期限不完全匹配、标准化程度高等特征。

（2）短期公司债券

2020 年 5 月，上交所和深交所分别发布《关于开展公开发行短期公司债券试点有关事项的通知》，正式在交易所推出短期公司债券，这是和银行间市场上的短融（交易商协会）直接相对应的一个债券品种。发行人申请公开发行短期公司债券并上市的，应当具备良好的短期偿债能力。试点期间，短期公司债券仅面向专业投资者公开发行，且试点范围应当符合下列情形之一：①适用交易所公司债券优化融资监管安排，且发行人最近 3 年平均经营活动现金流量净额为正或最近一年末的速动比率大于 1。②综合实力较强、内部控制和风险控制制度健全的证券公司。③经交易所认可的其他情形。

从某种程度上来说，短期公司债对于优质企业降低融资成本和券商开展投行业务是明显利好，对银行的信贷业务会产生一定的挤压效应。

（3）标准化票据

2020 年 6 月，为规范标准化票据融资机制，更好地服务中小企业融资和供应链金融发展，中国人民银行制定了《标准化票据管理办法》。

从金融机构资产交易的角度来看，票据个性化特征比较明显，价格形成机制较为复杂，标准化程度不高。为拓宽中小企业票据融资渠道，更好地契合金融机构资金交易特点和支持中小金融机构流动性管理，人民银行在总结试点工作的基础上制定了《管理办法》，明确标准化票据的定义、参与机构、基础资产、创设、信息披露、投资者保护、监督管理等，规范标准化票据业务发展。标准化票据以票据作为基础资产，联通票据市场和债券市场，有利于发挥债券市场的专业投资和定价能力，增强票据融资功能和交易规范性。《管理办法》包括总则、主要参与机构、基础资产、标准化票据创设、信息披露、投资者保护、监督管理和附则。一是明晰标准化票据定义。标准化票据是指存托机构归集核心信用要素相似、期限相近的商业汇票组建基础资产池，以基础资产池产生的现金流为偿付支持而创设的等分化受益凭证，属于货币市场工具。明确主要参与机构。《管理办法》明确了原始持票人、存托机构等主要参与机构的定义、条件、职责。标准化票据权益和各方权利义务通过存托协议予以明确。二是规范基础资产。《管理办法》明确，基础资产应符合核心信用要素相似、期限相近、依法合规取得等条件。原始持票人在存托时以背书方式将基础资产权利完整转让，有效保障投资人合法权益。原始持票人对基础资产的真实性、合法性、有效性负责，存托机构和票据经纪机构应对基础资产的真实性、合法性和有效性进行审查。票据市场基础设施负责基础资产的统一登记托管。三是强化信息披露和投资人保护。《管理办法》明确，存托机构应在标准化票据创设前和存续期间真实、准确、完整、及时披露对标准化票据投资价值判断有实质性影响的信息。标准化票据的投资人依照相关法律法规和合同文件约定享有权利。标准化票据存续期间，发生重大事项和存托协议约定情形的，由持有人大会审议决定。四是明确管理框架。《管理办法》明确，标准化票据的承销、登记托管、交易流通适用银行间债券市场现行管理规定。为更好地实现债券市场和票据市场联动，标准化票据同时在两个市场交易流通。考虑到标准化票据期限较短，其创设采用事后报告制度，事前管理主要依靠信息披露，相关基础设施负责日常监测和自律管理。

（4）公募 REITs

2020 年 4 月，证监会和发展改革委联合发布《关于推进基础设施领域不动产投资信托基金（REITs）试点相关工作的通知》。同日，证监会发布《公开募集基础设施证券投资基金指引（试行）》（征求意见稿），正式试点推出基础设施领域不动产投资信托基金。推出公开募集基础设施证券投资基金

(以下简称基础设施公募 REITs) 的目的是通过交易所市场来盘活我国庞大的基础设施存量资产，并拓宽增量基础设施项目的资金来源和降低杠杆水平。根据交易所提供的信息，公募 REITs 具有以下特点：

a. 定义和范围

基础设施公募 REITs 是指依法向社会投资者公开募集资金形成基金财产，通过基础设施资产支持证券等特殊目的载体持有基础设施项目，由基金管理人等主动管理运营上述基础设施项目，并将产生的绝大部分收益分配给投资者的标准化金融产品。按照规定，我国基础设施公募 REITs 在证券交易所上市交易。

基础设施资产支持证券是指依据《证券公司及基金管理公司子公司资产证券化业务管理规定》等有关规定，以基础设施项目产生的现金流为偿付来源，以基础设施资产支持专项计划为载体，向投资者发行的代表基础设施财产或财产权益份额的有价证券。基础设施项目主要包括仓储物流，收费公路、机场港口等交通设施，水电气热等市政设施，污染治理、信息网络、产业园区等其他基础设施。

b. 基础设施公募 REITs 意义

基础设施公募 REITs 是国际通行的配置资产，具有流动性较高、收益相对稳定、安全性较强等特点，能有效盘活存量资产，填补当前金融产品空白，拓宽社会资本投资渠道，提升直接融资比重，增强资本市场服务实体经济质效。短期看有利于广泛筹集项目资本金，降低债务风险，是稳投资、补短板的有效政策工具；长期看有利于完善储蓄转化投资机制，降低实体经济杠杆，推动基础设施投融资市场化、规范化健康发展。

c. 基础设施公募 REITs 架构特点

一是 80%以上的基金资产投资于基础设施资产支持证券，并持有其全部份额；基金通过基础设施资产支持证券持有基础设施项目公司全部股权。二是基金通过资产支持证券和项目公司等特殊目的载体取得基础设施项目完全所有权或经营权利。三是基金管理人主动运营管理基础设施项目，以获取基础设施项目租金、收费等稳定现金流为主要目的。四是采取封闭式运作，收益分配比例不低于合并后基金年度可供分配金额的 90%。

d. 基础设施公募 REITs 产品特点

一是公募 REITs 可盘活存量资产，提升基础设施资产估值，获得流动性溢价，同时提供增量投资资金，改善负债水平，降低企业杠杆率，助力企业“轻资产”运营模式转型，更好地推动资本市场服务实体经济。二是公募 RE-

ITs 产品将 90%的基金年度可分配利润用于分配，高比例分红，同时由于基础设施项目权属清晰，现金流持续、稳定，投资回报良好，填补了当前金融产品的空白，丰富了投资品种，便利投资者投资于流动性较弱的基础设施项目。三是公募 REITs 产品规则透明健全，比照公开发行证券要求建立上市审查制度，制定了完备的发售、上市、交易、收购、信息披露、退市等具体业务规则。基础设施项目可借助资本市场公开、透明机制，通过资本市场融资，引导金融资金参与实体项目建设，实现高质量发展。

（5）新型证券公司次级债

为落实新《证券法》有关要求，支持证券公司充实资本，增强风险抵御能力，2020 年 5 月，证监会发布《关于修改〈证券公司次级债管理规定〉的决定》（以下简称《管理规定》），新规自发布之日起施行，证券公司次级债，是指证券公司向股东或机构投资者定向借入的清偿顺序在普通债之后的次级债务（以下简称次级债务），以及证券公司向机构投资者发行的、清偿顺序在普通债之后的有价证券（以下简称次级债券）。次级债务、次级债券为证券公司同一清偿顺序的债务。

此次修订内容主要有几大方面：优化次级债发行方式，允许券商公开发行；支持证券公司发行减记债、应急可转债及其他创新类债券品种；将规定中机构投资者定义统一至《证券期货投资者适当性管理办法》要求，将次级债券销售相关要求按照《公司债券发行与交易管理办法》进行调整；增加《国务院办公厅关于贯彻实施修订后的证券法有关工作的通知》《公司债券发行与交易管理办法》等作为上位法依据。

（四）产品端的监管

1. 加强产品端销售业务监管

（1）理财销售业务监管

2020 年 12 月，银保监会发布《商业银行理财子公司理财产品销售管理暂行办法（征求意见稿）》，该办法我们可以看作“理财新规”在销售规则上的延伸，基本上禁止了短期内银行理财与第三方平台在销售端的合作。

该办法明确将理财产品销售机构分为两类：一类是销售本公司发行理财产品的银行理财子公司，即自营机构；另一类是接受银行理财子公司委托销售其发行理财产品的代理销售机构，即代理机构，包括其他银行理财子公司、商业银行、农村合作银行、村镇银行、农村信用合作社等吸收公众存款的银行业金融机构，以及国务院银行业监督管理机构规定的其他机构。

第一，该办法明确规定未经金融监管部门许可，任何非金融机构和个人不得直接或变相代理销售理财产品。这一点被认为是将来理财产品代理机构必须持牌经营，对于第三方机构而言，是一个非常大的变化。

第二，该办法明确，现阶段代理销售机构为其他银行理财子公司和吸收公众存款的银行业金融机构。这一规定保持了现有理财产品销售制度的连续性和平稳性，但同时监管明确互联网平台及其他机构暂时被排除在外，也就是说，在现阶段暂不能代销银行理财子公司的产品。这一点对于那些已经习惯于从互联网平台上购买理财产品的客户群体来说是个不小的挑战，他们获取产品信息并购买产品的渠道将大大变窄，因为众多中小银行尚未形成自身的产品展示及销售体系，其对于互联网平台还有较大程度的依赖。

（2）加强公募基金销售监管

2020 年 8 月，中国证监会发布《公开募集证券投资基金销售机构监督管理办法》及配套细则（以下简称《管理办法》及配套细则）。《管理办法》及配套细则聚焦于如何完善基金销售行为规范和加强基金销售机构合规内容，是《证券投资基金法》的基础性配套规则，同时也根据资管新规的要求对相应内容进行了补充完善。《管理办法》及配套细则主要涉及以下内容：一是强化基金销售活动的持牌准入要求，厘清基金销售机构及相关基金服务机构职责边界。二是通过完善注册登记程序、引入许可证有效期延续制度、强化吊销牌照制度等优化准入、退出机制。三是以投资者保护为导向，完善业务操作规范及监管要求等。

（3）加强保险代理人监管

为适应保险中介市场改革要求，进一步完善保险代理人监管制度，2020 年 4 月，银保监会发布了《保险代理人监管规定（征求意见稿）》（以下简称《监管规定》），拟向社会再次公开征求意见。此版《监管规定》相对上一稿的主要变化内容包括：调整工商登记事项要求、取消许可证期限要求、明确回避人员及要求、强化行为监管等。

2. 加强产品和资金运用监管

（1）保险资管产品监管

2020 年 3 月，银保监会发布《保险资产管理产品管理暂行办法》（以下简称《办法》）。《办法》一是明确了保险资管产品为私募产品的定位；二是推进保险资管产品发行登记或注册制；三是对保险资管产品的具体运作提出了具体要求，并明确要压实发行人及发行服务机构的责任；四是在落实穿透式监管要求的基础上提出风险防控要求。

（2）保险资金投资债转股监管

2020 年 9 月，中国银保监会发布《关于保险资金投资债转股投资计划有关事项的通知》（以下简称《通知》），《通知》一是对债转股计划的发行人从公司治理、投资管理能力、日常经营等方面提出了要求；二是对可投资范围进行了限定，仅可投资净资产不低于 60% 的市场化债转股或银保监会认可的资产；三是通过设置投资比例限制等措施强化集中度监管。

（3）组合类保险资管产品、债权投资计划、股权投资计划

2020 年 9 月，中国银保监会发布《组合类保险资产管理产品实施细则》《债权投资计划实施细则》和《股权投资计划实施细则》。三个细则针对不同类别保险资产管理产品的特点，对“资管新规”有关要求做了进一步细化，从产品投资范围、登记时限、投资比例等各个方面提出了更加具体的要求，有利于对三类产品实施差异化监管，有利于促进保险资产管理产品业务规范健康发展，更好地保护投资者合法权益。

（4）保险资金财务性股权投资

2020 年 11 月，中国银保监会发布《关于保险资金财务性股权投资有关事项的通知》。该《通知》首先将财务性股权投资定义为不构成控制或共同控制的对外投资；其次在明确投资准入“负面清单”的基础上放开准入行业范围；最后提出了对保险机构从事财务性股权投资的监管要求，如及时报告、建立风险控制机制等。

（5）明确资金信托、信托法律关系

2020 年 5 月，中国银保监会发布《信托公司资金信托管理暂行办法（征求意见稿）》。本《办法》对照资管新规要求，坚持从紧从严的监管导向，控制具有影子银行特征的信托融资规模，严格限制通道类业务，推动资金信托业务回归本源。本《办法》将资金信托业务定位为基于信托法律关系的资产管理业务，在聚焦资管新规的前提下，加强资金信托的监管，使资金信托业务回归本质。本《办法》具体内容包括：一是明确资金信托业务定义和管理原则。二是明确信托公司的受托职责和经营规则。三是明确信托公司内部管理要求。四是明确资金信托相关监管安排。

二、进一步深化改革可关注的重点问题

（一）在经济金融环境巨变下，如何满足居民财富保值增值的需求

2019 年 7 月，习近平主席在金砖国家工商论坛上发表题为《顺应时代潮

流　实现共同发展》的重要讲话。习近平主席明确指出，“当今世界正面临百年未有之大变局。对广大新兴市场国家和发展中国家而言，这个世界既充满机遇，也存在挑战。”对我国来说，“百年未有之大变局”既存在逐步形成的有利趋势，但是各种风险以及考验同样值得引起重视。在这一重大变局面前，以中国为代表的新兴市场国家不仅会成为经济全球化的主要驱动者，而且也将成为全球经济增长新的动力源。2020 年世界经济发生前所未有的衰退，主要由于新冠肺炎疫情的全球性暴发，我国在疫情防控以及经济社会发展两个领域取得了双胜利。在新冠肺炎疫情以及中美贸易摩擦的双重压力之下，经济触底后柳暗花明，政策宽松后张弛有度，资本市场稳定健康发展，为国内金融业尤其是资产管理行业创造了良好的转型发展条件。

1. 资产管理行业将迎来新的发展机遇

（1）伴随居民财富增长，必然产生资产配置的要求

2021 年，中央通过《中共中央关于制定国民经济和社会发展第十四个五年规划和 2035 年远景目标的建议》，展现了资管行业巨大的发展空间。根据上述建议，未来中国人均 GDP 有望达到 2 万美元，主要依靠技术创新驱动，中等收入群体将会显著扩大，中产阶级甚至准高净值人群的增速可能会更快。按照居民财富以及人均 GDP 增长速度，可供投资金融资产规模以及高净值人群将于 2035 年之前增加至少一倍。根据国际货币基金组织原副总裁朱民的观点，有五大要素影响金融服务业与时俱进：其一，要服务经济结构转型，支撑服务业以及提高劳动生产率；其二，要服务经济大规模数字化转型以及科技创新；其三，要服务老龄化社会结构之下的居民养老诉求；其四，要服务层出不穷的居民财富长期安全以及保值增值的需求；其五，要在经济全面数字化的过程中，提升自身金融科技水平。经济总量不断提升，以消费行业以及技术革新为代表的新经济蓬勃发展，加之政府不断加大的减税让利力度，居民可支配收入大概率将会延续当前的上升格局。金融资产尤其是权益资产很有可能成为居民财富的重要载体，这是发达国家历史经验给予我们的启示。全球首屈一指、规模空前庞大的财富管理市场有望在中国逐步形成，当前非金融资产在中国居民总资产中的占比为 65%，金融资产占比仅为 35%。与之相反，发达国家非金融资产在居民总资产中的占比基本都在 50%以下，美国仅有 30%；而其金融资产占比一般都超过 50%，美国高达 70%。其中金融资产中的风险资产（基金、股票、私人股权以及部分养老金和保险）占比，发达国家普遍超过 20%，美国达到 40%左右，中国仅约 5%。通过国别研究，随着人均 GDP 的提高，金融资产占比也会相应提升，与此同

时，非金融资产占比逐步降低。上述情况体现了居民财富的配置规律，即随着居民财富增长，提高生活水平以及保值增值的需要就会更加迫切，其对于金融资产的配置意愿也会更强。

（2）居民财富配置结构将会产生变化

随着房住不炒的政策实施，以及我国对于日本房地产泡沫和人口规律的正确认识，主动推动居民资产配置的转向。根据人口老龄化和房地产泡沫下降后的资产配置普遍规律，其资产配置方向将由不动产逐步转向金融资产。根据历史经验，不动产配置比例拐点和其劳动年龄人口拐点密切相关，主要由于人口结构老龄化后，房地产的供需趋于平衡。并且随着居民住房自有率日渐达到较高比例，同时年轻人口占比趋于降低，对于房地产的增量需求将会变小。参考购买力平价指标，20 世纪 70 年代初的日本与目前中国存在相似之处，之后日本居民的不动产配置比例进入趋势性下降通道，最终以 20 世纪 90 年代日本房地产泡沫破灭为标志，日本居民的不动产配置比例由 70%降至 35%。目前中国居民的非金融资产配置比例高达 65%，与 20 世纪 70 年代的日本旗鼓相当，参考国际经验，将来伴随我国人均 GDP 的逐步提升，在居民总资产中，以房地产为代表的非金融资产占比很有可能出现与日本相类似的趋势性下降。并且从各类资产的总量占比变化趋势看，金融资产比例从 2004 年的 18. 79%已提高到 2019 年的 32. 33%。

（3）国家政策和引导力度加大

从个人财富管理的维度来看，实现家庭资产保值增值的有力保障就是紧跟中国经济增长的新节奏。2020 年 12 月 22 日，证监会相关部门指出，增强财富管理功能，促进居民储蓄向投资转化，助力扩大内需是 2021 年资本市场的发展方向之一。在可以预见的未来，股票、债券、基金、黄金等金融资产将会吸纳更多的居民储蓄。居民财富的需求将更加多元化，要求对金融资产进行更广泛的配置，通过多渠道获取体验一致的高品质服务。

2. 资产管理行业将迎来新的挑战

居民财富配置的变化也将对资产管理行业带来挑战，主要表现在：一是目前资产管理市场的产品供给还存在同质化，产品单一，服务模式粗放，科技含量低等问题，不能很好地满足居民财富积累的配置需要。二是随着我国老龄化程度的加深，养老类型的财富管理重要性进一步凸显，然而目前市场缺少可以提供此类优质服务的资管机构。三是我国家庭资产配置的诸多问题在此次新冠肺炎疫情的冲击之下充分暴露，投资者的投资理念有待转变，未来的家庭资产配置将更加注重收益、风险以及流动性的有机统一。

（二）如何解下历史包袱，在严监管下释放创新活力

此次资管新规过渡期延长涉及更多部门，即新增了财政部和发展改革委，其背景和原因应是地方政府和重大项目的融资有很大一部分是通过资管行业进行，且方式应多为非标类融资、期限较长，整改压力较大。

在全球货币超发，欧美国家货币政策无节制宽松的情况下，中国政府的政策定力和政策余地，对于防范金融风险，经济平稳发展更有利，也为资产管理行业的转型发展提供了重要的时间窗口。在存量整改的过程中，回表和资本补充压力仍然很大，监管部门鼓励在过渡期内采取类信贷资产回表的方式进行存量资产整改，意味着这些资产一旦回表便需要有足够的资本和拨备相对应，也即在整改的过程中，实际上金融机构回表和资本补充的压力也在伴随上升，这也是短期内监管部门要提高容忍度、鼓励进行资本补充以及北金所等类信贷业务尚未全面计提拨备的大背景，因此对于存量资产的回表，监管部门应是有一定包容性的，但一旦整改压力减小时，预计上述监管容忍度会再次降低。

从国内外经济社会发展的历史经验教训来看，金融行业的地位以及作用可谓举足轻重，但是金融行业也很容易引发危机，甚至冲击经济社会的发展。近些年来，我国资产管理行业取得了长足进步，然而与此同时，也存在资金池运作、多层嵌套、刚性兑付以及非标投资等乱象，甚至导致资管机构沦为信用中介，最终扰乱金融秩序，背离直接融资本源，对于行业长期健康发展产生不良影响。解决金融领域存在的结构失衡、信用偏离、监管套利以及无序扩张等系统性问题，是防范化解金融风险的出发点。消除影子银行、违法腐败、资金空转以及互联网金融乱象等风险隐患是整治的重点。加快填补监管短板、不断完善宏观审慎政策框架，也与防范金融风险同步进行。开展重点领域宏观审慎管理、有序推进系统重要性金融机构监管、加强金融控股公司监管是其主要表现。历经三年努力，在国家金融稳定委员会的统筹部署之下，防范化解金融风险工作获得决定性成果，监管套利得到遏制、监管短板不断填补、影子银行治理成效显著。面对新冠肺炎疫情的猛烈冲击，我国金融系统稳健运行，显现了强大的韧性以及潜力，带来了资管行业发展的新机遇。

同时在资管新规过渡期后，整个行业发展也面临挑战，一是如何拓展化解存量资产的方式和渠道，以市场化的方式审慎妥善处理存量资产；二是在较严的监管下如何尊重市场规律，释放行业改革活力，激发市场主体创造性；

三是在监管规范统一和资管新规实施的窗口期，如何避免二次监管套利等。

（三）适应双循环发展格局以及国家碳中和战略带来的机遇和挑战

为了应对全球形势剧变，中国的战略安排就是推动形成“以国内大循环为主体、国内国际双循环相互促进”的发展格局。畅通国内经济循环以支撑经济复苏与持续增长，突出了加强金融服务的迫切性，从而带来资产管理行业发展的新机遇。资产管理可以视作将间接融资转换为直接融资的有效途径，以国内大循环为主线，推进资管行业转型，高效支撑实体经济，打通金融与实体经济之间的循环机制，助力形成“双循环”新发展格局。在双循环格局形成的过程中，经济增长逐渐步入高质量发展阶段，增长动能转向消费和创新为主，这些行业总体来看，资产轻、风险高、技术创新和人才来密度比较高，主要依靠直接融资体系尤其是资产管理行业来满足发展需要。所以为了给予上述科技创新企业全周期、全方位以及全产业链的金融服务，需要在加强投资者适当性教育的前提下，持续鼓励引导资管产品逐渐提高权益投资以及信用债券投资比重，最终完善金融支持科创体系。

碳达峰及碳中和是我国重要的战略部署，国内资产管理行业，特别是ESG投资领域应该牢牢把握这一重大机遇。目前根据国家战略规划，2030年前碳排放达到峰值，进而在2060年前实现碳中和，并且“十四五”规划以及“2035年远景目标”等相关文件已经进一步明确了上述规划，低碳、绿色将成为中国经济转型升级的重要内容之一。随着相关政策制定，二氧化碳排放量较大的行业，如煤炭、石油等面临巨大挑战；而清洁能源、降低耗能等产业将迎来重要机遇。未来，关注经济、社会、环境的可持续发展，推动实现国家经济高质量发展和生态建设目标将成为全球和我国未来经济发展的重要战略内容，资产管理行业丰富的低碳产品将为实现经济低碳转型提供重要支持。此前，中国人民银行行长易纲也指出，要通过市场化方式，引导金融体系提供投融资支持，以满足实现碳中和远景目标所需的大规模投资。关于上述投资规模，各方都有不同测算，普遍预计规模级别将以百万亿元人民币为单位。面对如此大规模的资金需求，政府资金仅能覆盖少量领域，其余大部分缺口依然需要依赖市场力量。我国资产管理行业，尤其是公募基金业很早就重视ESG投资，ESG投资的主要内容涵盖环境管理、气候变化、自然资源、污染防治和废物处理等环境因素。伴随我国碳中和战略的逐步实施，国内ESG投资在可预见的未来，将会成为资产管理行业的重点、热点。

（四）如何适应数字化变革，提升财富管理的科技水平

2020年新冠肺炎疫情的大流行，体现了科技赋能资产管理业务的大势所趋，进一步推动了数字化的发展，深化了风险管理、场景创新、线上服务等方面的金融科技应用，金融科技与资管业务之间的融合日益紧密。资管机构数字化程度提高，与客户的数据和触点越来越多，对于算法和算力的要求也越来越高。

中国在数字科技领域具备两大竞争优势：其一，5G硬件设施基础扎实，此外包括数字货币以及移动支付等相关领域的科技应用已经处于世界前沿。其二，从自上而下引导金融科技加速发展的角度来看，我国中央和地方各级政府、监管部门的决心以及力度都很大。例如，2019年8月，中国人民银行印发了《金融科技发展规划（2019—2021年）》，其中明确提出，2021年要建立健全中国金融科技发展的"四梁八柱"。

近年来，以腾讯、阿里、百度、京东等企业为代表的科技公司发展迅猛，同时运用其在长期业务中所积累的海量客户数据以及新兴的大数据处理技术，逐步向着金融领域渗透发展，对于国内金融服务生态催生了一定程度的变化。具体到资产管理领域，上述互联网企业依靠相对良好的线上体验，有效提升了用户黏度，进而有力地推动了网络资产以及财富管理业务。但是在互联网经济迅猛发展以及科技进步的大背景下，某些大型平台企业容易过度集中市场资源，从而形成赢者通吃的格局。从促进科技创新、维护市场公平竞争以及保护消费者权益等角度来看，上述格局都显现出许多风险隐患。具体到资产管理行业，其科技化进程也带来了新的挑战：既要支持平台企业创新发展、增强国际竞争力；又要强化政策引导以及监管，加强反垄断、反不正当竞争，以应对平台企业发展中出现的新现象、新问题，最终实现促进大型科技公司发展硬核科技，提升产品质量与服务的根本目标。

（五）理财子公司如何适应标准化与净值化的挑战

最近几年，银行理财市场正在经历巨大的变化。随着资管新规的颁布，打破刚性兑付、实现净值化转型，对银行理财发展提供了新的机遇和挑战。根据最新数据，目前净值型理财产品占比近八成、投资者数量超6000万名，显示银行理财发展转型体现一定成绩。但银行理财子公司面临投研体系不足、市场化激励不到位、公司化运作和业务转型的挑战等。

第四节 数字化金融及金融科技改革

金融科技在促进疫情防控、支持小微企业融资发展、推广普惠金融、促进金融机构数字化等方面发挥了重要的推动作用，金融科技行业在不断创新、释放活力的过程中也出现了数据保护不力、非持牌经营、跨区域展业等行业“异化”问题。近年来，金融科技监管规则应时调整，对金融科技行业的发展带来了重大影响。监管规则需统筹解决政策和实践的博弈，方能持续护航金融科技行业行稳致远、守正创新。

一、主要改革政策举措

金融科技领域的监管政策补短板进程不会中断，政策制定节奏会更加稳妥，政策具体要求会更加理性。

1. 疫情之后监管政策鼓励发展金融科技服务

面对突如其来的新冠肺炎疫情，金融监管部门快速应对，积极出台政策。一方面适应性调整监管要求，强化金融科技应用。2020 年 1 月，中国人民银行等五部门发布《关于进一步强化金融支持防控新型冠状病毒感染肺炎疫情的通知》，临时性放开 2015 年发布的《关于银行业金融机构远程开立人民币银行账户的指导意见（征求意见稿）》中“柜台开户为主，远程开户为辅”原则，支持银行业金融机构、非银行支付机构在疫情防控期间，采用远程视频、电话等方式办理商户准入审核和日常巡检，通过交易监测强化风险防控。2020 年 2 月，中国银保监会发布《关于进一步做好疫情防控金融服务的通知》，强化网络银行、手机银行、小程序等电子渠道服务管理和保障，探索运用视频连线、远程认证等科技手段优化丰富“非接触式服务”渠道。另一方面推动金融机构让利，保市场主体。2020 年 4 月，中国银保监会办公厅发布《关于 2020 年推动小微企业金融服务“增量扩面、提质降本”有关工作的通知》，对普惠金融和小微金融服务提出“增量扩面、提质降本”的总体要求。之后，人民银行、银保监会等八部门发布的《关于进一步强化中小微企业金融服务的指导意见》，明确要求全国性银行要发挥好带头作用。

2. 2020 年 10 月，金融监管迅速补位

2020 年 10 月，中央决策层、金融监管部门、市场管理部门以及社会公众

达成了规范金融科技发展、防范金融科技风险的统一共识。从 2020 年 10 月至 2021 年 2 月底，“一行两会”共密集发布了 15 项重点政策，从存款、贷款、支付、保险、理财、征信、信息科技外包等领域全面加强金融科技监管。“一行两会一局”四部门也先后两次约谈蚂蚁集团，提出五大领域整改要求，并提出其他互联网公司要对照自查整改，整改要求包括：一要回归支付本源，提升交易透明度，严禁不正当竞争；二要依法持牌、合法合规经营个人征信业务，保护个人数据隐私；三要依法设立金融控股公司，严格落实监管要求，确保资本充足、关联交易合规；四要完善公司治理，按审慎监管要求严格整改违规信贷、保险、理财等金融活动；五要依法合规开展证券基金业务，强化证券类机构治理，合规开展资产证券化业务。

表 5-1　2020—2021 年主要金融科技监管政策

业务领域	政策名称	主要要求
贷款类业务	《商业银行互联网贷款管理暂行办法》	规范科技公司的助贷业务，要求银行尽到管理职责，明确风控不得外包
	《网络小额贷款业务管理暂行办法（征求意见稿）》	明确开展网络小额贷款业务需要银保监会批准，放款、融资等有严格限制
	《关于部分银行保险机构助贷机构违规抬升小微企业综合融资成本典型问题的通报》	通报助贷机构通过收取高额服务费等手段，提高综合融资成本的违规行为
	《民间借贷案件司法解释》	规定了民间借贷案件利率的司法保护上限不超过 LPR 的四倍
	《关于警惕网络平台诱导过度借贷的风险提示》	提及网络平台诱导过度借贷的四类风险：信息披露不当，过度包装营销，过度收集、滥用客户信息，无序放贷
	《关于进一步规范商业银行互联网贷款业务的通知》	进一步要求自主完成对贷款风险评估和风险控制具有重要影响的风控环节，严禁将关键环节外包 明确出资比例、集中度、限额三类指标；明确地方法人银行不得跨注册地辖区开展互联网贷款业务
存款类业务	《关于规范商业银行通过互联网开展个人存款业务有关事项的通知》	要求银行不得通过第三方网络平台开展个人存款业务

续表

业务领域	政策名称	主要要求
理财、资管、证券类业务	《证券公司租用第三方网络平台开展证券业务活动管理规定（试行）》	第三方网络平台只能为券商线上业务提供信息技术支持，不得介入证券活动的任何环节
	《监管规则适用指引——科技监管类第1号》	提供重要信息系统的开发、测试、运维等信息技术服务以及提供新型技术服务的机构都需要在证监会实施备案管理
支付业务	《非银行支付机构行业保障基金管理办法（征求意见稿）》	明确基金用于化解和处置因支付机构客户备付金缺口导致的行业风险
	《非银行支付机构条例（征求意见稿）》	重塑非银行支付机构的类型和认定标准，要求不得变相从事授信活动
	《非银行支付机构客户备付金存管办法》	重申备付金不属于非银行支付机构资金，并且要求开设备付金集中存管账户、特定业务待结算资金专用存款账户等
保险业务	《商业保险活动分析及对策建议研究》	“相互宝、水滴互助等网络互助平台会员数量庞大，属于非持牌经营”
	《互联网保险业务监管办法》	要求保险业务不得在第三方网络平台开展
	《保险中介机构信息化工作监管办法》	规定了保险中介机构尤其要关注“确保完整掌握本机构信息系统和数据的管理权”
征信	《征信业务管理办法（征求意见稿）》	要求非持牌机构不得从事征信业务
营销宣传	《关于防范金融直播营销有关风险的提示》	提示金融直播营销过程中存在的资质不符、虚假宣传等风险
	《互联网直播营销信息内容服务管理规定（征求意见稿）》	统一规定了互联网直播营销的信息内容要求
	《关于加强网络直播营销活动监管的指导意见》	强化了网络直播营销活动的监管职责
市场竞争	《关于平台经济领域的反垄断指南》	首次明确价格歧视、限制准入等平台经济领域的垄断形式
信息科技外包	《银行保险机构信息科技外包风险监管办法（征求意见稿）》	要求银行保险机构关注信息科技外包的各类风险类型

3. 循序渐进，金融与科技平衡发展

2021 年 1 月，中国银保监会副主席梁涛表示，“银保监会鼓励银行保险机构依法合规地与包括被约谈企业在内的互联网平台企业开展合作，金融支持政策不变、力度不减。”之后，中国人民银行行长易纲表示，“央行一直支持金融科技发展也鼓励金融创新，但是避免滥用垄断的地位也非常重要”，对于蚂蚁集团是否会重启 IPO，表示“遵循正常的法律程序将会有好的结果”。中国人民银行副行长潘功胜也撰文指出，要“保持监管政策取向、业务规则和标准的大体一致”，“确保对金融科技的监管有效、适度”。

与此同时，中央经济工作会议明确，要求“金融创新必须在审慎监管的前提下进行”。2020 年 1 月以来，互联网贷款、互联网存款、非银行支付、征信业务等领域的监管规则仍在出台。2020 年 11 月 2 日公开征求意见的《网络小额贷款业务管理暂行办法》，迄今仍未正式出台。2020 年 2 月，银保监会办公厅发布《关于进一步规范商业银行互联网贷款业务的通知》，全面收紧了《商业银行互联网贷款管理暂行办法》的要求。

2021 年监管工作规划相继出台，互联网平台金融成为监管重点，人民银行和银保监会均明确部署加强互联网平台金融活动的审慎监管。从监管原则来看，人民银行和银保监会都要求坚决落实党中央、国务院关于强化反垄断和防止资本无序扩张、统筹金融发展与金融安全的决策部署，坚决遏制垄断和不正当竞争行为，抓紧补齐监管制度短板。从具体执法路径来看，会议要求对“同类业务、同类主体一视同仁”，坚决遏制垄断和不正当竞争行为。支付、个人征信、金融营销、金融消费者保护、银行保险机构与互联网平台合作开展的金融活动是重点监管对象。

4. 加强互联网、数据与金融结合部的监管

直播带货这一新媒体购物形式的出现，受到越来越多的消费者，尤其是年轻消费者的青睐。但有些通过直播带货形式销售的金融产品存在风险隐患。对此，银保监会于 2020 年 10 月发布《关于防范金融直播营销有关风险的提示》（以下简称《提示》）。《提示》着眼于揭露金融直播营销存在的风险，并提示消费者要提高风险防范意识。《提示》中提到，目前金融直播营销主要存在两方面的风险，一是金融直播营销主体混乱，或隐藏诈骗风险，部分营销主体无资质、直播平台信息设置混乱、非专业人士误导等现象时有发生；二是直播营销行为存在销售误导风险，部分营销主体或虚假、夸大宣传或偷换概念或信息披露、风险告知提示不到位。针对金融直播营销存在的隐患，《提示》提出广大消费者可从三方面提高风险防范意识。一是辨明直播主

体资质，选取正规金融机构和渠道；二是看清直播内容，要树立科学理性的投资观，警惕存在的风险；三是要知悉金融消费或投资风险，消费者要保持清醒的认知，认真了解金融产品或服务的合同内容。

随着数据安全被越来越多的人重视，而且侵犯数据安全的现象也偶有发生，银保监会于2021年1月下发了《关于印发监管数据安全管理办法（试行）的通知》（以下简称《管理办法》），《管理办法》着眼于要切实加强监管数据安全管理，防范监管数据安全风险。《管理办法》第一章为总则，对出台《管理办法》的目的、监管数据的定义、监管数据安全的定义、管理体系等内容进行了规定；第二章为工作职责，明确监管数据安全管理实行归口管理，银保监会统计信息部门为归口管理部门，其余业务部门负责本部门的监管数据安全管理工作，并对上述主体的具体职责进行了规定；第三至六章对监管数据采集、存储、加工处理、使用、委托服务管理、监督管理等内容进行了规定；第七章为附则。

5. 强化第三方支付监管

第三方支付监管强化，监管机构开出巨额罚单。自互联网金融风险专项整治开展以来，第三方支付领域已实现了客户备付金集中存管，非银行支付机构网络支付清算平台建设取得积极进展。但是，2020年支付领域风险点集中于网络新型违法、反洗钱、个人信息保护三个领域，监管当局连续开出第三方支付巨额罚单。2020年4月，人民银行针对第三方支付机构首张过亿元的罚单，为1.16亿元。机构被罚原因集中于未按规定开展备付金集中交存和反洗钱不利。第三方支付领域的违规行为屡禁不止，违规获利数额不断攀升，通信网络新型违法、反洗钱、个人信息保护等领域的风险防范工作压力仍然较大。

二、进一步深化改革可关注的重点问题

随着各类监管政策持续出台，金融科技监管“从鼓励创新向规范发展”的思路和要求不断清晰，金融科技行业发展面临大变革。

1. 在金融业务层面，所有金融业务都要持牌经营，互联网平台作为代销渠道的业务模式难以为继

政府高层对金融监管给出的最基本原则是“所有金融业务都需要持牌经营”，落实到金融科技层面就是要注重“金融的归金融，科技的归科技”。监管部门在前期就已经认定网络互助平台、第三方互联网平台推出的银行存款

产品等属于“无照驾驶”的非法金融活动，并要求互联网存款、互联网保险等产品必须以自营互联网平台作为销售渠道，第三方互联网平台不属于银行理财子公司产品的代销机构。在证券业务中，监管部门更加明确指出，第三方机构仅限于为证券公司提供网络空间经营场所等信息技术服务，不得介入投资者招揽、投资者适当性管理、接收交易指令等证券业务活动的任何环节。

总体来看，不持有金融牌照的第三方平台不得从事具体的金融产品销售，只能成为纯粹的线上引流和网络营销的渠道。在具体金融业务监管过程中，各个监管机构对于第三方平台的认定存在细微差异：监管互联网存款业务时，倾向于不允许通过小程序、公众号等方式在第三方平台销售；而监管互联网保险业务时，则可以允许采用小程序、公众号的方式与第三方平台合作。

2. 在数据流动层面，严格规范金融信息使用使得助贷业务等与金融机构合作的模式面临生死考验

个人信息保护和数据安全已成为新出台政策的重要内容，征信业务管理办法已经征求意见，个人金融信息保护办法也在制定过程中。从已有政策看，金融监管部门严格要求在从事贷款、存款、支付、征信、信息科技外包等各类业务时要重点关注和合作科技公司、互联网平台之间的数据交互安全、合规，个人信息需要满足“个人授权”“最小够用”“用途明确”等要求。

更为重要的是，按照 2021 年 9 月 27 日发布的《征信业务管理办法》，信贷领域的个人信用信息流转只能通过征信公司，对金融科技业务发展具有系统性影响。科技公司和互联网平台原来“客户、数据、决策”一体输出的助贷业务模式将会被拆分：先向金融机构做客户引流，信用数据通过征信公司，在金融机构从征信公司获取数据后再提供技术和模型服务，自己不能留存数据。在新的业务模式下，助贷业务的商业可行性和盈利空间大幅降低。

3. 在技术合作层面，不得将科技管理职责和风控核心职能外包，限制了科技公司深度参与“金融业务”

金融监管部门对于科技企业、互联网平台没有监管权限，监管思路是将监管要求通过“金融机构”传导给“科技公司”。信息科技外包和互联网贷款监管要求，金融机构不得将信息科技管理责任和风控等核心职能外包，对合作的科技公司实施准入制、名单制管理；征信业务监管要求，征信机构就合作机构的概况、合作内容等情况进行备案；改进统计监测，强化金融机构与科技公司、互联网平台合作业务的统计监测。依此趋势，未来科技公司在金融科技发展中的定位将主要是金融机构的“技术供应商”。

三、改革展望

监管规则应当进一步填补监管空白领域、细化监管规则要求、精细化监管手段、消除监管冲突，从而更好地助力推动金融科技行业发展，实现金融提质增效。

1. 统筹好“传统”金融信息和替代类信息的关系，明确金融数据治理规则

一方面，明确传统金融信息的范围和标准，尤其是要完善传统金融信息用于营销宣传、消费体验服务、评价信用状况等目的时的机构内部治理和外部管理规则；另一方面，探索替代类信息的范畴，制定替代类数据用于金融服务和产品的管理规则，避免替代类信息范畴泛化导致的分级分类管理和信息数据审计出现困难。

2. 统筹好征信管理和助贷发展的关系，促进贷款业务科技创新

一方面，明确征信服务和产品的边界，既要从正面罗列服务和产品的种类，又要从反面规定征信业务的除外情形，统一市场参与者的认知，也便于监管机构标准化、系统化地对征信业务进行检查、登记、备案；另一方面，厘清信贷业务中的数据使用规则，从贷款业务流程的角度，制定对外提供信贷决策等贷款建议、单独提供实名认证信息以及关联公司共享用户信息等涉及数据的业务指引，避免与征信业务出现重叠和冲突。

3. 统筹好信息保护和商业价值的关系，助力数据要素推动金融科技创新

一方面，积极做好个人信息的保护和数据安全工作，需要根据信息保护的相关法律规则和标准要求制定针对信息主体的告知程序、获得信息主体同意的授权规则、提供给信息主体的权利救济流程等；另一方面，创新尝试数据要素尤其是信用信息运用在金融行业的方式、方法，发挥数据要素流转对于金融数字化的基础性作用，以信息主体和消费者“消费体验”为出发点，整合信息保护的规范要求，统筹考虑商业成本，设计兼顾安全和效率的商业模式。

4. 统筹服务本地和异地展业的关系，助力金融科技推进金融机构数字化

一方面，要鼓励金融机构依据不同需求，在提升客户体验、强化风险控制、促进业务管理等方面积极使用金融科技推动自身数字化，提升金融服务质效；另一方面，监管机构要严控金融机构定位，要求金融机构不得借助金融科技服务超范围经营，监管部门要按照业务类型明确银行存款、银行贷款、银行理财、保险销售、证券投资等金融业务异地、跨区域展业的定义和范

围，明确行业预期的同时鼓励地方性商业银行、地方金融交易所等地方性金融机构在服务本地的前提下进行线下网点和线上业务的数字化改造。

5. 统筹好金融机构业务自营和外包合作的关系，细化金融科技业务分工

一方面，要细致拆解金融机构的业务供应链和业务流程，明确哪些金融业务环节必须自营，哪些可以外包给持牌金融机构或者非持牌机构，例如互联网贷款业务中的风控核心环节不得外包，可以与有资质的机构共同出资；又如征信业务中，出具征信报告等核心服务不得外包。另一方面，要加强金融外包管理，不仅要强化信息技术类外包的要求，例如在《银行保险机构信息科技外包风险监管办法（征求意见稿）》《证券公司租用第三方网络平台开展证券业务活动管理规定（试行）（征求意见稿）》等监管规则的基础上，强化信息技术外包治理、准入、监管评价、风险管理、监督检查等全生命周期管理，还要强化非核心业务类外包合作的指引，例如出台贷后催收、指令支付等规则，又如整合金融产品代销既有规范体系等。

6. 不断推进公平竞争，遏制资本市场无序扩张

当前，诸多互联网巨头企业不断刷新市值新高，一旦放任某些平台利用其信息资源优势形成垄断格局，且向资产管理行业过度渗透，取得逾越合理水平的超额利润，则不仅会对市场规则产生破坏，更会引发诸多社会问题。互联网平台经济天然具备一定程度的垄断属性，从而容易形成赢者通吃的格局，并且此类平台普遍拥有海量用户数据，客观上存在某些滥用风险。如果监管缺位，任由资本驱动、无序扩张，从而导致垄断，则会严重损害消费者的利益。“从更长远的角度看，要鼓励民间资本流向科技领域，即能创造经济增量的领域，参与做大蛋糕的活动而非切分蛋糕的活动。”

对于无序资本扩张和各种创新金融科技平台，第一，要纳入统一监管，提高监管规则的透明度和执行力。转变监管理念，把执法和维护规则作为监管的核心任务，建立健全监管工作的约束机制和保护机制，提高监管工作的独立性和专业性。第二，要强化行为监管，建立严格的市场准入机制，提升宏观审慎管理水平，防止出现系统性风险。具体包括：严格做好市场准入管理，坚持金融机构持牌经营原则，避免出现监管空白；坚持只要从事相同的金融业务，就要接受相同的监管，从而防止监管套利、维护公平竞争，要将大型互联网平台纳入已有的法律框架以及监管体系之中。第三，要制止数据垄断，加强数据管理，对于互联网平台所持有的各类消费者数据，要严格防范其数据滥用风险，明晰其财产权利边界与法律属性。第四，鼓励公平竞争，维护公平竞争市场环境。

第六章　百年未有之大变局下的金融改革总结和展望

中国共产党自革命战争年代以来，就重视金融工作。在党的领导下，红色金融为中国革命战争的胜利和新中国成立后国民经济的恢复和建设作出了重大贡献。改革开放以来，我国金融体系见证了国民经济从计划经济到市场经济的伟大转变。金融体系本身作为整体经济体系的重要一环也迅速跟进改革的步伐，从中国人民银行一家担负全部金融业务，发展成为体系完备、市场发达、监管有力的现代金融市场体系，并不断根据经济社会发展的需要，及时做出有效的调整和改革。

中国特色社会主义进入了新时代，不仅我国的主要矛盾发生了变化，而且对经济发展也提出了新的要求，因此社会主义市场经济体制必须通过进一步的深化改革来应对这一巨大变化。与此同时，移动互联网的大规模普及，物联网、人工智能、生物制药等新一代科技产业的迅速崛起，世界经济版图乃至政治格局正在发生前所未有的变化。作为配置市场经济核心要素资源的金融行业，能否有效进行改革调适来应对如此百年未有之大变局，事关中国特色社会主义事业的兴衰，必须从胜利走向胜利。

一、通过改革，使金融市场满足构建高水平市场经济体制的需求

党的十九届五中全会通过的《中共中央关于制定国民经济和社会发展第十四个五年规划和二〇三五年远景目标的建议》明确提出，要“全面深化改革，构建高水平社会主义市场经济体制”。经过改革开放以来的不懈探索，我国已经完成了经济体制从计划向市场的转轨，资源配置的方式和能力都得以显著改善，市场主体活力大大提高，彻底丢掉了贫穷国家的帽子，通过脱贫攻坚实现了全面建成小康社会这一建党百年阶段的目标，经济总量位居世界第二位，成为世界第一贸易大国。我国社会主义市场经济建设的成绩斐然，但是，我国的经济体制改革任务仍未完成，市场资源配置在不少领域没

有完全落实。2013 年，《中共中央关于全面深化改革若干重大问题的决定》提出，要“紧紧围绕市场在资源配置中起决定性作用深化经济体制改革，坚持和完善基本经济制度，加快完善现代市场体系”。

市场配置资源的基本功能，是通过生产要素回报率差异的引导和要素自由流动机制，将生产要素配置到生产率更高的领域和企业，实现效率最大化。在所有的生产要素当中，资金要素是最为关键和核心的要素资源。金融市场则是配置这一核心要素资源的关键所在，构建高水平市场经济体制必然要求高水平的金融市场。邓小平同志曾经也指出金融的重要作用，其认为金融对经济发展具有“一着棋活，全盘皆活”的重要意义。改革开放 40 多年来，通过对原有计划金融体制的不断改革，我国金融市场体系从无到有、由弱到强，逐渐形成了业务类型比较齐全、金融功能较好发挥、市场化程度不断提高、国际化水平持续增强的现代金融体系。资金要素资源通过金融市场，流向效率比较高的行业和企业，促进了效率的提升，使市场的无形之手得以发挥有效的作用。

改革开放以来，尤其是党的十八大以来，我国金融业的发展取得了重要成就，但是发展不平衡、不充分，金融供给与金融需求之间存在缺位与错位，金融业市场结构、经营理念、创新能力、服务水平等仍然存在不少问题和短板，金融空转、监管套利、无序创新、杠杆率过高等乱象不时成为阻碍市场健康发展的绊脚石，与市场经济高质量发展的要求还存在一定差距，因此，必须按照习近平总书记的要求，贯彻落实新发展理念，深化金融供给侧结构性改革，矫正供需结构错配和要素配置扭曲，减少无效供给或者低效供给，从注重“量”的扩张转向金融供给的优化重组和提质增效，促进要素流动和资源的优化配置，提升供给体系对于需求侧的适配性，形成需求牵引供给、供给创造需求的良性互动局面，进而实现更高水平的供需平衡，是金融市场构建高水平市场经济体制的需求。

二、通过改革，使金融市场能够为实体经济提供更有效支撑

服务实体经济是中国特色社会主义金融市场体系的重要使命，要以服务实体经济为使命导向，走出中国特色金融发展道路。金融与经济共生共荣，是实体经济的重要血脉。金融的功能是围绕实体经济的有效运行而不断衍生的。判断金融功能是否正常，要看实体经济是否茁壮成长，如果实体经济羸弱不堪，说明金融功能失效。作为血脉，金融应贯彻新发展理念，切实

提升服务实体经济的质效，优化融资结构体系，提升资金配置效率，最大力度地支持实体经济对专业服务的需求，对资金融通的需求，对风险管理的需求。新时代中国金融事业的发展，要着力解决金融行业“脱实向虚”、自我空转、自我循环的问题。新时代中国金融事业的发展，要不断深化对中国特色金融事业本质和规律的认识，立足中国国情，树立新发展理念，强化金融服务实体经济的功能。在中国特色社会主义市场经济新的发展阶段，金融服务的重点，就是要把金融资源更多地配置到经济社会发展的薄弱环节和重点方向。

从我国的实际情况来看，中小企业一直是金融支持实体经济发展的薄弱环节，中小企业融资难、融资贵是困扰实体经济发展老大难问题。2021 年 7 月 30 日召开的中央政治局会议明确提出：“要强化科技创新和产业链供应链韧性，加强基础研究，推动应用研究，开展补链强链专项行动，加快解决‘卡脖子’难题，发展专精特新中小企业。要加大改革攻坚力度，进一步激发市场主体活力。”金融市场对实体经济的支持是落实这一任务的必要条件。加强金融市场服务实体经济的能力，必须通过改革调整完善金融体系结构，通过优化产品、理顺市场体系等措施为实体经济发展提供兼具效率与质量的金融服务。与此同时，要构建起与之相适应的信用评价体系，进一步健全司法环境，让金融敢于服务、放心服务，形成良性循环。

本书在阐述金融服务实体经济的篇章中，已经全面回顾了 2020 年以来金融行业为实体经济服务所采取的一系列降准降息等方面的措施。中国人民银行和各主要金融机构都通过各种工具的调整来降低实体经济的负担。但是，仅仅通过价格手段来支撑实体经济的发展只是治标之举，必须通过改革体制机制来剔除金融市场中对实体经济不友好因素。例如，必须加快构建更加丰富完善的银行业金融体系，在有效控制风险的基础上，降低民营资本进入银行业的门槛，形成多层次的资本市场体系。在当前的金融市场体系中，金融系统存在较为明显的体制性偏好，政府融资平台以及其他公共部门的融资大量侵占信贷资源，其结果是我国公共部门债务占比达到 60% 左右，高于全球平均水平 20~30 个百分点。同时我国公共部门的杠杆率高于私人部门杠杆率约 50 个百分点，这也是与全球情况截然不同的。新时期中国特色社会主义金融市场体系的构建，必须通过改革，从根本的体制机制上扭转这一局面，才能够为实体经济发展提供更有效的支撑。

三、通过改革，使金融市场能够更有效地支持创新创业

随着我国经济从高速发展阶段向高质量发展阶段转变，经济发展的动力逐步从不断加大要素投入转移到创新驱动上来。推动经济的高质量发展是一项复杂的系统工程，但是最关键的因素是整个经济体的创新能力的提升。在低成本要素不断扩大投入拉动经济增长的优势丧失之后，唯有通过科技创新，不断地推动产业迭代升级，提高全要素生产率，整个经济体才有可能实现持续高质量增长。我国金融体系经过不断的改革发展，在过去的数十年中有力地支持了经济增长，但是这一金融体系恰恰是契合过去通过不断加大要素投入的经济增长方式，金融体系的转变还没有跟上经济发展要求的转变。

传统金融系统的基本特征是间接融资占比高，直接融资占比少。同时，以银行信贷为主的间接融资习惯利用财务数据、抵押资产和政府担保做信用评估，因此传统金融体系更擅长于为大型企业、制造业以及粗放式扩张提供融资服务。这种金融服务模式与以创新为主的经济发展路径显然是不匹配的。创新型经济体的基本特征是初创企业多，风险大，但整体上回报高，可持续发展能力强。资本市场本身具有融资期限长、风险识别处置能力强、行业研究能力深入等商业银行不具备的特点，整体上与创新创业型经济体较为匹配。因此，服务于创新型经济体的金融体系首先要改变间接融资占比高，直接融资占比少的情况，大力发展资本市场就成为构建服务于创新型经济体的金融体系的重要环节。

要着力加强资本市场扶持创新、分散并降低风险的能力，需要从市场基础、对外开放、金融创新三个方面着力。资本市场必须在具有良好法治基础的市场经济架构内开展，如果整个市场经济的基础如要素的自由流动、良善的法治，以及公开透明的媒体监督和政府运作不完全具备，那么资本市场就会受到各种干扰导致其不仅无法发挥出扶持创新创业的优势，反而成为财富的绞肉机。资本市场对外开放，则能够倒逼市场的法治化和规范化，同时进一步地分散风险，更使经济体的创新创业能够在双循环中获益。金融创新则是更显著的一把“双刃剑”，在满足创新创业要求的基础上有风险可控的金融创新，是加速创新的重要推动力，在推动金融创新的同时，必须防止违背经济规律、违背金融常识、忽略风险控制的各种伪创新。

北京大学黄益平教授指出“我国现行金融体系与实现实体经济高质量发展之间的矛盾，在于资本对于收益要求的短期性与能够提高经济发展质量的

创新活动周期长、失败率高的长期性之间的冲突”。经济发展的痛点，就是改革的方向，要通过改革加强金融体系服务创新创业的能力，就需要在这方面的金融供给侧改革中做出更大的努力。

四、通过改革，使金融市场能够满足人民群众多样化的金融需求

习近平总书记在庆祝中国共产党成立一百周年讲话中指出，“江山就是人民、人民就是江山，打江山、守江山，守的是人民的心。中国共产党根基在人民、血脉在人民、力量在人民。”一切为了人民，也是社会主义金融市场体系建设的出发点和落脚点。新中国成立前夕，决策层对于新的国家中央银行的命名反复斟酌，最终命名为“中国人民银行”。“人民”两个字体现了中国金融事业最根本的政治底色，中国特色社会主义金融市场体系的改革发展必须以“人民至上”作为终极价值目标。中国特色社会主义金融市场体系完善与否，最终要看人民群众是否真正得到了实惠，人民群众的切身利益是否真正得到了保障。人民对美好生活的向往是金融市场改革发展最为直接的奋斗目标。

大力发展普惠金融，是中国特色社会主义金融市场满足人民群众多样化金融需求的重要路径。2015 年，习近平总书记在主持中央全面深化改革领导小组第十八次会议时曾就普惠金融做出过重要指示，要不断提高普惠金融为人民服务的能力，发展普惠金融就是为了更好地服务人民。普惠金融服务，在一定程度上似乎与金融作为市场资源配置的手段背道而驰，实则恰恰相反，普惠金融是在更高的站位下，以金融的手段去挖掘市场弱势群体的相对优势，是在扶贫攻坚等政策的引导下，形成市场弱势群体的相对优势，同时也是金融市场主体履行自身社会责任的重要体现。

得益于移动互联网、大数据的普及和科学技术不断进步，数字普惠金融为广大人民群众带来了更大的便利，同时极大地降低了金融服务成本，扭转了许多场景下为贫困地区、贫困人口以及其他弱势群体提供金融服务成本过高导致的金融服务不可达、不到位的问题。基于现代信息和科学技术的金融创新为普惠金融提供了极大的便利，但同时也带来了极大的风险，特别是在监管不到位的情况下，一些非法集资、集资诈骗等行为都以金融创新乃至普惠金融为旗号大行其道，严重破坏了健康的金融秩序，不仅没有满足人民群众的金融服务需求，反而给广大人民群众造成极大损失。为此，在推进金融

更加便捷地为人民服务的进程中，必须加强合规监管和风险防范，确保金融能够发挥正面而非负面的溢出效应，保障人民群众的合法权益，这是确保金融为人民服务的基本要求。

五、通过改革，使金融市场能够加速绿色双碳目标的实现

2020 年 9 月，习近平主席在第七十五届联合国大会上提出了于 2030 年前碳排放达到峰值，努力争取 2060 年前实现碳中和的绿色发展目标。通过深化金融供给侧改革，发展绿色金融，是实现这一绿色低碳发展目标的重要举措，也是“双循环”新发展格局下深入践行“绿水青山就是金山银山”理念、推动生态文明建设的内在要求。绿色双碳发展目标的实现，离不开政府有形之手的推动，例如，征收碳税，可以直接设置单位碳排放的价格，但这种强制性的方法，不足以调动全社会的积极性，同时促成的减排量难以确定，实际减排效果难以预估。通过金融供给侧改革，运用好金融市场工具，例如构建碳交易市场，把碳排放权作为一种类证券化交易的品种，能够直接限制碳排放总量，在以应对气候变化为根本目标的情况下更容易实现有序、可控的减排与低碳转型，同时减排成本低的企业可通过出售碳排放配额获利，减排成本高的企业可购买碳配额以实现减排目标，更有利于激发企业参与的积极性，继而更有效地推进绿色双碳目标的落实。

以推动实现绿色双碳为目标的金融供给侧改革，更具体地体现在银行信贷以及绿色债券的鼓励支持政策方面。本书相关章节已经详细介绍了近年来主要部委和监管机构出台的一系列扶持绿色金融产业的规章和举措。其中包含诸多体制机制的变革，已经引起金融机构的良好反响。以工商银行为例，该行率先贯彻绿色信贷标准和责任投资原则，梳理形成多个行业的绿色投融资政策，按行业确定绿色投融资偏好、信贷政策重点，全流程执行“环保一票否决制”，以增强新增业务的绿色特质，绿色信贷余额已经突破 2 万亿元，成效显著。但是，以金融市场加速推动绿色双碳目标的实现仍然有诸多方面可以加强，可以在下一步的改革中继续改进。例如，加强在实现碳中和目标中的国际合作，发挥更大的国际引领作用。政府和市场主体都可以积极参与、规划国际合作，积极参与绿色发展国际标准的制订，在“一带一路”建设中部署更多的绿色发展内容。有学者提出“碳中和及内蒙古治沙背景下中蒙日韩绿氢战略合作构想”等，都是值得研究的方向。绿色金融的发展，本身也是生态文明改革的一部分。我国 40 多年来改革的一个成功经

验，就是区域之间的有益竞争。金融市场虽然是全国一盘棋，但是区域金融市场带动区域绿色产业和地方生态文明的优先进步是完全可能的。因此，可以在区域经济发展质量综合考核评价中引入绿色低碳和绿色金融相关指标，引入奖惩机制，以鼓励地方政府加快为绿色金融服务提供基础设施和配套服务。

进一步推进金融市场改革以适应绿色发展的需要，还需要解决以下方面的问题。第一，宏观上要估算碳达峰和碳中和的总账。碳排放总量、碳汇和绿色溢价以及因绿色发展要求而带动的投资额等相关方面所涉及的资金规模大体是多少？有整体估算，地方政府和企业就绿色发展所要采取的时间表、路线图就更加容易落地付诸实施。第二，我国绿色金融发展还存在产品单一、市场不发达、统计不完善等问题，与目前积极迈进的碳中和发展要求，低碳减排要求还不匹配。加强绿色金融服务，必须做好产品设置、碳排放数据统计等相关基础性工作，这是未来改革的重点方向。第三，需要尽快界定并统一绿色金融的内涵和外延，构建绿色金融标准体系。绿色金融与碳排放目标是否已经完全匹配，各个金融机构、金融监管机构以及其他主管部门之间对绿色金融的界定是否一致，这都是需要进一步改革明确的内容。

六、通过改革，使金融市场能够增强抵御风险的能力

风险是金融市场永恒的话题，金融行业本质上就是经营风险的行业。金融市场要抵御风险，一方面是指金融市场要管控内生风险，避免外溢；另一方面则是要能够抵御外来风险的影响。在关注改革话题的语境下，这里的风险更多的是指整个经济体所面临的风险，它当然包括金融业本身运营当中产生的风险外溢和金融行业溢出效应带来的风险。

与金融行业本身的风险而言，要正确把握金融创新与风险防控之间的辩证统一关系，着力推进高质量发展的同时有效防控金融风险。金融创新和风险防控不是非此即彼的关系，二者是“你中有我，我中有你，动态博弈”的关系，呈现“创新—防控—再创新—再防控”的循环过程。创新是激发金融活力的引擎，围绕经济发展的具体需求，金融创新层出不穷，金融产品、市场层次不断丰富，经营模式、业务流程不断优化，在供给侧有效扩大了金融服务覆盖面，提升了金融服务质量的同时，金融技术、金融监管也在不断创新，能够有效减少信息不对称，加强监管机构的监督和治理能力，提高风险防控水平，金融创新本身也具有转移和分散风险的功能。但是，应该看

到，金融创新自身存在内在矛盾，避险与投机功能并存，避险者和投机者都在利用金融创新实现自己的目的，某些金融创新，尤其是假创新、伪创新、盲目创新等为金融投机活动提供了新的手段和场所，催生了新的金融风险，新增金融风险与存量金融风险叠加，系统性风险累积，一旦爆发将极大地损害经济社会稳定和人民群众的利益，成为中国经济转向高质量发展的“拦路虎”。因此，要正确把握金融创新与风险防控的关系，坚持底线思维，守住不发生系统性风险的底线，在审慎监管的前提下有序推进金融创新，把握好创新的质与度，坚决不能以放松风控要求作为金融创新的代价。

就整个经济体而言，要增加金融市场抵御风险的能力，则需要全面地分析整个经济体健康发展所面临的挑战。金融市场虽然在现代市场经济当中处于核心地位，但是其始终服务于实体经济。如果实体经济和国家的整体财政状况发生问题，那么金融市场必然受到影响。此外，实体经济和整个经济体的风险往往向金融市场转移积累，最后在金融市场集中爆发，实际冰冻三尺非一日之寒。因此，从整个经济体而言，增强金融市场抵御风险的能力，必须防微杜渐，从体制机制上，防止风险向金融市场聚集。我国经济发展势头良好，但是稳中有忧，存在较为突出的结构性矛盾，例如国内债务规模较高，债务向公共部门聚集等，为此，中央早已制定了去杠杆等供给侧改革要求，但是要将这些改革措施落实到位，仍需要较大的努力，特别是要打破金融机构的体制偏好，使金融资源更多地流向实体经济和中小企业，这一金融供给侧结构性改革任重道远。

七、通过改革，使金融市场能够更有力地服务国内国际双循环

在新发展格局中，开放是至关重要的维度，金融业对外开放是着力推进国内国际两个市场双循环的重要环节。当前，面对疫情冲击，全球公共债务已经处于历史高位。与此相对应的是，全球长期利率已经达到历史低点，流动性充裕。美联储极可能在通胀压力下做出政策调整，给全球市场带来冲击。我国金融市场在开放过程中，要密切关注上述变化可能对大宗商品价格、外汇储备、输入性通胀以及国际资本流动等方面带来的冲击，相关体制机制的改革要评估并适应这些冲击。例如，逐步放松对资本账户的管制，是金融开放中重要的一个方面。资本账户的管制，毫无疑问是金融对外开放中的一道防火墙，其对保障金融安全的必要性显而易见，但是保障金融安全如何与人民币国际化、对外开放以及能更好地利用国内国外两个市场相平衡，仍是这

方面改革面临的重大难点。

解决以上金融市场改革的难点，首先应当正确把握金融业对内改革和对外开放的辩证统一关系。改革和开放相辅相成、相互促进，改革必然要求开放，开放也必然要求改革。金融供给侧结构性改革的核心是改革，金融业首先要坚持党的领导，立足中国实际，体现中国特色，从我国经济金融体制的特殊性出发，着眼于解决实际问题，深化改革，通过改革完善同金融业相关的各项制度体系，包括但不限于金融市场、从业准入、监管治理等制度体系，规范金融运行，推动金融业高质量的转型发展，助推我国金融机构更好地“走出去”；同时，也要稳步推进对外开放的步伐，吸收借鉴国外先进经验。开放也是改革，近年来我国现代化建设不断取得重大突破、重要成就的一大重要法宝便是以开放促改革、促发展，金融领域也应该用好这一重要法宝。近年来，我国金融业对外开放全面铺开。从单一行业向多行业，从业务开发到市场各个环节开放，既“引进来”，又“走出去”，开放措施频频推出并接连落地实施，在金融业产品演变、市场建设、业务模式、管理经验等方面催生出一系列变化与成就，中国金融日益融入全球市场，金融业国际化竞争能力不断提高，在世界经济金融治理体系中的话语权也不断增强。加快构建以国内大循环为主体、国内国际双循环相互促进的新发展格局，既呼唤金融支撑，也需要金融提供更好的服务，这就要求金融业内外兼修，运用好国际国内两个市场、两种资源，既要练好内功，以内促外，又必须坚持开放，寓改革于开放之中，以开放促改革、促发展、促创新，不断提升、不断完善。

后　记

《中国金融监管制度改革报告 2021》一书是在金融监管改革领域落实"十四五"规划的理论成果。自 2020 年开年以来，新冠肺炎疫情在全球范围内蔓延，中国在此背景下，仍能持续推动市场经济向纵深方向改革，在保持开放的同时，坚持习近平总书记强调的要构建以国内大循环为主体、国内国际双循环相互促进的新发展格局，深化供给侧结构性改革。为防范化解重大金融风险，促进经济健康发展，金融监管领域也应当紧跟改革步伐进行改革，从而构建稳定良好的金融秩序。

当今中国正处于百年未有之大变局，金融市场发展状况在一定程度上决定了国家经济的发展程度。一方面，为了充分展示金融监管改革的必要性，本书尽可能详尽地对当前国内外经济金融形势及政策环境数据进行了收集和分析，主要以我国金融市场现状、作用及改革为研究对象。另一方面，本书将金融监管的协同推进制度建设与脱贫攻坚、乡村振兴等结合起来，详细分析了各领域改革的重点和难点，并提出相应对策，力图扎牢金融风险防线，推进资本市场深化改革，并促进金融更加开放，帮助金融机构"走出去"，以期为中国金融机构提供智力支撑。

由于本书作者较多，每位作者存在独特的写作风格，内容上也有一定的侧重，为保证本书体例结构和风格上的和谐统一，本书主编对书稿的文本进行了进一步的编排、修改和优化。本书能够如期付梓，离不开各位作者的努力和支持，在此表示感谢。同时也非常感谢中国经济体制改革研究会领导以及浙江金融资产交易中心丁建林先生的大力支持。希望本书能够为中国金融市场的深化改革和进一步开放、帮助中国金融机构"走出去"做出些许贡献。本书如有疏漏与不足之处，还望各位读者指正。

编者